le Temps retrouvé

LÉON CAUBERT

SOUVENIRS CHINOIS

Édition établie et préfacée par
Philippe Artières

MERCURE DE FRANCE

INTRODUCTION

En 1901, Maurice Courant constatait en ouverture de son ouvrage *En Chine* que si le Céleste Empire était alors dans tous les journaux et omniprésent dans le catalogue de librairies, quinze ans plus tôt, l'intérêt qu'on pouvait porter à cette partie de l'Asie était considéré comme « la marque d'un esprit au moins bizarre ». L'ancien interprète de la Légation française à Pékin évoquait à mots couverts la figure de son collègue, lui aussi diplômé de l'École des Langues orientales de Paris, Léon Caubert.

En 1891, ce membre du Corps des Interprètes du ministère des Affaires étrangères avait en effet jugé utile de rassembler ses *Souvenirs chinois* à l'adresse potentielle « des excursionnistes de l'avenir ». En 1886-1887, il avait en effet participé à une mission visant à renégocier auprès du pouvoir chinois des accords commerciaux. La délégation était dirigée par le député, envoyé extraordinaire, M. Constans, accompagné de sa famille et de son secrétaire particulier M. Le Doyen ; Léon Caubert, son épouse et son premier secrétaire Fernand Souhart, ainsi que M. et Mme Walewski composaient le reste du groupe. Ce périple vers Pékin fut pour Caubert une véritable révélation ; le fonctionnaire français tomba sous le charme de ce pays, de sa culture, ses paysages, ses villes et ses habitants et n'avait plus désormais qu'une inquiétude : que ce monde disparaisse.

Aux Langues O., l'auteur n'était entré en 1876 qu'avec le projet de compléter ses études classiques « par la comparaison du développement de notre civilisation occidentale avec l'histoire des civilisations, orientales ». Il voulait moins acquérir, écrit-il en ouverture de son ouvrage « des connaissances spéciales et approfondies qu'une vue d'ensemble sur les progressions parallèles des différentes races ; aussi ne m'étais-je pas inscrit à un, mais à plusieurs cours, aux cours de chinois, d'arabe, de turc et de persan[1]. » Le comte Kleczkowski (1818-1886) qui détenait la chaire de chinois

1. Présent dans la publication originale, nous avons fait le choix de ne pas reproduire ce chapitre premier dans la présente édition : centré sur l'École des Langues orientales, il constitue un long et très circonstancié hommage aux maîtres disparus de Caubert sans jamais évoquer son voyage en Chine.

vulgaire dès sa leçon de rentrée convainquit l'étudiant[2] d'abandonner les autres langues ; Caubert, lors d'un récent voyage aux États-Unis avait été frappé de l'importance de l'émigration chinoise en Amérique du Nord – on sait aujourd'hui qu'elle fut la principale main-d'œuvre de la construction des lignes de chemin de fer reliant les deux côtes[3]. Le charisme et l'autorité du maître, la chaleur de la communauté de ses disciples rue de Lille firent le reste. « Je devins de ce jour *chinois*, uniquement *chinois* » relate ainsi Caubert.

En ce milieu des années 1870, ce goût était alors peu partagé : les fils de Han souffraient d'une image peu favorable, au prétexte des conflits locaux. Certains s'en offusquaient, tel Mgr Reynaud qui condamnait ce mépris permanent, « racisme anti-asiatique avant l'heure » : « D'ailleurs, même quand nos touristes racontent des faits qu'ils ont vus et qui sont vrais, il est rare qu'il ne leur arrive pas encore de se tromper par cette manie de généraliser, en appliquant à toute la Chine, comme une pratique commune, ce qu'ils ont observé

2. Sur l'histoire de l'enseignement du chinois en France, voir Michel Alexandre Kleczkowski, *Discours d'ouverture du 7 décembre 1869 : cours libre de chinois vulgaire et pratique*, Paris, A. Pougin, 1870.

3. Sabbagh, Daniel. « Le statut des Asiatiques aux États-Unis. L'identité américaine dans un miroir », *Critique internationale*, vol. n° 20, ° 3, 2003, pp. 69-92.

dans un coin isolé ou dans un cas spécial. » Le missionnaire d'ajouter : « Surtout, il y a cette prédisposition presque générale, [...] de badiner sur les Chinois. On dirait que pour être cru, quand on parle de la Chine, il suffit de raconter des choses ridicules, et que même il le faut pour échapper au reproche d'incompétence ou d'invraisemblance. C'est un travail d'autant plus facile qu'il est déjà tout fait, et qu'on peut le copier dans une foule de livres en l'agrémentant d'un peu d'esprit personnel[4]. »

Maurice Courant ne fait pas autre chose en effet et écrit encore dix ans plus tard : « Le trait dominant du Chinois, c'est un esprit très pratique, patient et avisé, joint à une imagination pauvre el impersonnelle. D'une situation, le Chinois sait tirer toutes les applications utiles ; le régime patriarcal lui a offert la première organisation régulière de la famille, de la gens, fondée sur le *hiao*, c'est-à-dire sur le culte filial ; depuis lors, il n'a pas cherché autre chose. La famille, la gens sont aujourd'hui ce qu'elles étaient deux cents ans avant notre ère, presque les mêmes qu'au temps de Confucius. » Ce diplomate de relire ensuite toute l'histoire sociale de la société chinoise à ce prisme : « De cet organisme primitif, la race, ingénieuse, a déduit toutes les institutions nécessaires à son

4. Mgr Paul-Marie Reynaud, *Une autre Chine*. Abbeville, C. Paillart, 1897 : p. 11.

évolution comme peuple : d'abord, une féodalité patriarcale, qui semble avoir duré environ neuf siècles ; puis, à la chute de celle-ci (221 avant notre ère), une monarchie absolue, patriarcale aussi, où l'Empereur est le chef des familles, le "père et la mère" de ses sujets ; enfin, après quelques oscillations entre les deux formes de gouvernement, la monarchie s'est fixée depuis l'époque des Thang (018-907). Plus récemment, aux familles et aux génies se sont ajoutées d'autres associations, communes rurales (depuis le XIe siècle), corporations commerciales (avant le XVIe siècle), qui ont imité la forme de l'association familiale. C'est toujours au même principe de groupement que le Chinois a eu recours ; manquant de personnalité, il ne peut vivre seul et ne sait rien être sinon. »

Caubert est ainsi un sinophile envers et contre tous : si l'écrivain et voyageur Paul Bonnetain dénonce dès 1887 cette représentation erronée dans son ouvrage sur l'Extrême-Orient – que recommande notre auteur, le considérant comme un incontournable – ce proche de Zola ne conteste pas la nature maligne des habitants de la Chine et de leur gouvernement mais indique les raisons de la méfiance qu'ils ont des Européens : « Leur rouerie diplomatique, l'étrangeté de leur manière de penser, nous stupéfient, et nous exagérons aisément leurs défauts. Le Chinois n'est pas plus de mauvaise foi que tout autre Oriental. Seulement, il se méfie de nous et nous méprise, – sans qu'il y ait lieu de s'en étonner outre mesure. Longtemps il ne connut en fait d'Européens que les gens, pour la plupart peu recommandables, qui naguère faisaient seuls le commerce sur ses côtes, ou bien encore des missionnaires au zèle intempestif, causant plus de mal, amenant plus de troubles qu'ils ne convertissaient de fidèles. Ce peuple, à la philosophie si haute, se rit de nos conceptions religieuses ou philosophiques qu'il juge enfantines, et ne nous accorde guère qu'une supériorité momentanée dans les sciences mécaniques. » Bonnetain souligne surtout la puissance du Céleste Empire : « Après bien des vicissitudes, le Céleste Empire est donc encore vivace ; nous n'en voulons pour preuve que la façon dont il se transforme actuellement [...]. La Chine devient une redoutable puissance. [...] Si la Chine se rénove, ce sera pour les Chinois et par les Chinois, gens peu disposés à se laisser absorber. » Et l'observateur d'avertir ses contemporains : « Aussi, quand cette agglomération de 405 millions d'hommes se trouvera organisée, sera-t-elle l'arbitre du monde[5]. »

5. Paul Bonnetain, *Le monde pittoresque et monumental. L'Extrême-Orient*, Paris, Éditions de la Maison Quantin, 1887 : p. 490-491.

Léon Caubert a une vision plus modeste de cet empire ; jusqu'alors il n'a connu que des Chinois de Paris. Nommé professeur en 1871, le comte Kleczkowski, ancien interprète du gouvernement, désira rendre ses cours plus efficaces en imposant à ses élèves la pratique journalière de la conversation. Il choisit un répétiteur en la personne du lettré Lieou-Sieou-Tchang, qui fut donc le premier Chinois que Caubert fréquenta. Descendant d'une famille chinoise convertie au catholicisme, « Lieou avait eu parmi ses ancêtres des martyrs, obscurs héros qui avaient préféré la mort à l'abjuration de leurs convictions. Il se rappelait avoir vu son grand-père contraint de marcher sur le crucifix. Et, comme le vieillard refusait d'obéir, une double balafre en forme de *croix* lui avait été taillée sur la plante des pieds. » Surtout, Caubert voyait en Lieou le caractère type chinois : « doux, patient, résigné, content de son sort, des mœurs irréprochables, notre lettré fut pour nous non seulement un instructeur philologique, mais aussi un éducateur politique. [...] Opposant la force d'inertie à l'intrigue, le calme impassible à la pétulance, la mélancolie dédaigneuse aux plaisanteries d'écolier. »

L'épreuve du terrain mit à mal ce portrait-type, non que Caubert développa de l'antipathie pour les Chinois, bien au contraire, mais il vit combien ils n'étaient pas disposés à satisfaire toutes les demandes des Européens. La mission diplomatique à laquelle participa l'interprète s'inscrit dans une longue histoire des relations de l'Occident avec la Chine. Si l'on s'en tient aux traités conclus au XIXe siècle, le premier d'entre eux dit de Nann-King date du 29 août 1842, avec la Russie. Suivirent les Américains, puis les Français dont la signature, à une période où les Chinois n'accordaient que le strict nécessaire, marqua, selon Caubert, un véritable tournant. En date du 24 octobre 1844, le traité français-chinois affirmait, dès l'article 2, que la seule ville de Canton constituait le siège de toutes les relations politiques et commerciales et quatre ports nouveaux seraient ouverts (Amoy/Fo-Kienn, Fou-Tchéou, cap. du Fo-Kienn, Ning-Po/Tché-Kiang et Shanghaï/Chang-Haï). Des consuls seraient établis dans ces nouveaux ports, ayant un pouvoir politique et commercial mais aussi une fonction de surveillance et de protection de leurs nationaux. À ces derniers des concessions seraient établies. La mesure était prudente afin de prévoir les conséquences de l'établissement de nouveaux venus en Chine et d'éviter les conflits. Ces étendues de terrain « concédées » aux Européens pour s'y fixer feraient l'objet de baux entre les propriétaires chinois et les locataires étrangers, susceptibles de générer des conflits.

La possibilité de s'établir durablement à

Chang-Haï, à l'intérieur des terres, au bord la rivière Ouang-Pou navigable jusqu'à la mer, conduisit Anglais, Américains et Français à y prendre des concessions. Les concessions anglaise et américaine étaient voisines et formèrent dans les décennies suivantes la *Concession internationale* dont le fonctionnement constitua, aux yeux de Caubert, « la mise en pratique des théories raisonnables tendant à l'établissement de la République une et *cosmopolite* ».

Le traité de 1844 était aussi restrictif : son article 23 défendait aux étrangers de se rendre dans l'intérieur du continent, en dehors des cinq ports qui leur étaient ouverts et dans un rayon de trois lieues. Il s'agissait par-là de restreindre l'apostolat des missionnaires catholiques, qui, depuis trois siècles vivant comme les Chinois, séjournaient partout dans le pays. Aux autorités chinoises, il n'était plus permis de maltraiter ceux qui enfreignaient cette règle, elles se devaient seulement de les faire reconduire au port ouvert le plus proche. Mais afin de neutraliser ce qui avait été la cause de la première guerre anglaise, le traité prévoyait « égalité des deux nations ». Les consuls établis dans les ports ouverts auraient le rang de l'autorité chinoise la plus élevée en grade. Égaux à ces fonctionnaires ils avaient le titre de *ta-jenn* (Excellence). Les vice-consuls prenaient le rang de sous-préfets, les interprètes devenaient les égaux des magistrats de district. De là, dans les communications ordinaires et les protocoles, un ensemble de conséquences qui élevait le statut des étrangers. Un autre article du traité de 1844 concernait les pavillons et les navires, stipulant qu'« aucune autorité chinoise n'avait le droit d'exercice sur un navire européen quelconque ». Cet article 28 avait une grande importance, au point que sa prétendue violation fut la cause de la deuxième guerre anglaise contre la Chine.

Ce traité n'avait été établi que pour douze ans, la France et la Chine ayant le droit ensuite d'en demander la révision. Il fut donc régulièrement amendé par les deux parties au cours du second XIXe siècle ; ainsi, la liberté des cultes fut rétablie, d'abord limitée aux catholiques, puis élargie aux protestants. Intervint aussi la restitution des anciens monuments catholiques, confisqués au profit du gouvernement chinois, pourtant élevés par les empereurs, reconnaissants aux missionnaires pour les services qu'ils leur avaient rendus.

Mais si Caubert a à l'esprit toute cette histoire, il ne s'aventure pas dans l'actualité ; c'est moins un devoir de réserve qui le retient qu'une conviction à l'instar des conflits au Tonkin et à Annam : il lui semble déplacé de rendre responsables « certains hommes, certains courants de gouvernement. [...] Dans un siècle seulement, ces questions pourront être traitées et débattues comme il convient. Si le résultat est alors mauvais, il sera tout aussi juste d'accabler M. Ferry que M. Guizot, et de choisir même encore plus avant des boucs émissaires. En affaires extérieures, les grandes lignes de la politique générale ne sont pas connues des contemporains, même de ceux qui croient ne pas être des profanes. Qui vivra verra. »

Bien que ce soit dans le cadre d'une renégociation qu'à l'été 1886 Léon Caubert quitte avec son épouse l'Europe pour rejoindre la Chine, nous ne saurons rien non plus de la nature de ces tractations. Le regard que le diplomate porte est plus surplombant. Dans ses *Souvenirs*, l'interprète, conscient à son retour que désormais le Céleste Empire allait s'ouvrir massivement aux étrangers, dresse à la fois une liste de conseils aux voyageurs mais pointe aussi l'originalité de cette civilisation. Ce voyage décisif a pour effet d'inquiéter cet amoureux de la culture chinoise. Là est sans doute le grand intérêt du texte de Caubert : dans cet équilibre entre une nostalgie qui vient et l'envie que d'autres après lui prennent le chemin de l'Extrême-Orient, au risque de le dénaturer.

Le fonctionnaire des Affaires étrangères offre donc d'abord à ses lecteurs un guide du « bien voyager », en indiquant en ouverture la liste des équipements et autres accessoires nécessaire pour séjourner en Chine. En annexe à son récit de voyage, il ajoute deux synthèses ; la première est titrée « *Le globe-trotter* à Pékin » (sic) et constitue un résumé des informations à connaître, du fonctionnement pratique de la ville et des excursions et visites incontournables à mener lors d'un bref séjour dans la capitale. Le second texte intitulé « Miscellanées » est en fait un *vademecum* sur la métaphysique chinoise – sur le fameux *yng* et *yang* –, les valeurs morales dominantes et sur quelques données économiques. Dans ce texte qui clôt le volume, Caubert a aussi condensé sa vision de la religion locale et du mode de gouvernement.

Dans cette attention constante pour les voyageurs qui choisiront cette même destination, l'auteur a un goût du détail qui ne manquera pas de surprendre. Il décrit ainsi minutieusement le *Natal*, le navire des Messageries maritimes qui assure la longue liaison entre Marseille et les côtes chinoises, soulignant ses qualités et ses défauts. Il relève notamment que les cabines sont bien ventilées et mal insonorisées, mais s'arrête longuement sur un ingénieux et infime dispositif, un vide-poche mural, des plus adaptés à la mauvaise mer, avant de souligner que le bâtiment ne consomme pas moins de cinquante tonnes de houille en vingt-quatre heures, l'obligeant à fréquemment remplir ses soutes. Ce souci d'informer les « excursionnistes » futurs l'amène à évaluer les hôtels des escales et les attitudes à avoir : à Port-Saïd, l'hôtel le plus supportable est *l'Hôtel de France et du Louvre*. À Aden, il est absolument *indispensable* (sic) pour les femmes de ne jamais circuler, et autres lieux analogues, sans une ombrelle doublée de soie verte. Il n'est pas seulement question d'hébergement et de toilettes dans ces pages. Aucun guide n'existant, Caubert indique une série de tarifs – par exemple à Aden, celui des barques qui font le trajet entre les steamers et la côte : « *6 annas* par personne, des steamers à terre, quand le steamer est ancré entre la côte et le bateau-feu, – *8 annas* quand le steamer est en dehors de cette zone. » La question des devises y est également récurrente : « En arrivant à Saïgon, le voyageur venant d'Europe et se rendant en Chine aura certainement avantage à changer l'or ou les billets de banque européens contre des piastres ; mais il devra prendre ces piastres en nature, et exiger des *piastres mexicaines*. » Une autre recommandation *très importante* (sic) est qu'une fois en Chine, il ne faut « jamais accepter des comptes de chèques en taëls, les exiger en piastres. Les comptes en *taëls* donnent lieu à des complications inextricables, grâce au cours constamment variable des rapports entre la monnaie de poids et la monnaie fiduciaire. On est alors obligé de régler ses fournisseurs et ses banquiers les bulletins de Bourse à la main. On ne saurait s'imaginer comme c'est pratique et récréatif. »

Ces conseils jalonnent ses *Souvenirs*, mais Caubert ne se limite pas à cet exercice : il a tellement envie de partager son expérience qu'il dévoile par une série de descriptions un ensemble de choses vues des plus pittoresques. À Port-Saïd, nous entrons dans l'un des tripots, ornement de la ville et délice des gens qui les tiennent. « Des *allumeurs* vont jusque dans la rue faire tinter quelques pièces d'or pour attirer les badauds naïfs dans leur repaire. C'est là que, derrière une balustrade qui vous tient à distance respectueuse des tableaux et de la roulette, vous pouvez assister au défilé des pièces de tous les systèmes monétaires connus. » À Singapore, Caubert nous fait grimper sur le pont du *Natal* à peine amarré lorsqu'un marchand de singes grimpe à bord et propose à l'équipage d'acheter ses encombrants et indisciplinés pensionnaires. À Hong-Kong nous le suivons dans le cimetière aux charmes incomparables : « Voici un splendide parc semé de colonnes et de statues artistement disposées ; un ruisseau clair y coule en clapotant, autour d'une vasque de marbre et de jeux d'eau. Des senteurs fortes montent en effluves enivrantes, parfums naturels qui vous grisent. On ne croirait jamais que l'on parcourt un autre campo-santo. Ce n'est plus le domaine des Parques, ce sont les propylées de l'Olympe. » À Shanghaï, nous nous retrouvons, grâce à Caubert, dans la plus grande fumerie d'opium située rue du Consulat. « Sur la voie publique une petite porte avec un couloir dans le genre du boyau des Folies-Dramatiques. De chaque côté tout un peuple fait haie : ce sont d'abord les petites marchandes de fruits confits embrochés sur des pailles raides, puis des vendeuses de fleurs artificielles, enfin de vieilles proxénètes entourées de leurs satellites, jeunes Chinoises assez gentilles, mais beaucoup trop maquillées, peintes et repeintes comme des poupées de carton. On entre dans une cour fort étroite entourée de balcons en bois de fer sculpté par les meilleurs artistes. [...] Il y a des balustrades formées d'entrelacs de branches, de fleurs et de feuillages d'une beauté merveilleuse. » Suit une description détaillée de l'intérieur, et des niches où, allongés, les clients fument leur pipe d'opium.

Mais ce que Léon Caubert préfère narrer par-dessus tout, ce sont les scènes ordinaires de la vie quotidienne, celles qui ne font pas l'objet de photographies, que les voyageurs trop pressés négligent, car trop peu pittoresques. En Chine, il note ainsi au milieu d'une page : « Ce qui frappe le plus, c'est l'uniformité des costumes : tous les piétons portent des vêtements de couleurs éteintes où le bleu et le gris dominent ; – ces vêtements sont plus ou moins frais, suivant le rang de la personne, mais la coupe et la forme sont les mêmes pour toutes les conditions sociales. » Caubert n'est pas indifférent aux rapports de classe et à leur inscription urbanistique : une partie de ses remarques porte sur la manière dont les Européens ont bâti leurs concessions, à commencer par les docks des Messageries maritimes. Une fois à terre, dans chaque concession, Caubert est dérouté par l'importation massive du style européen : « Nous sommes à Tong-Keou : les rues avec chaussée macadamisée et trottoirs à bordures de granit sont indiquées comme en Europe par des plaques bleues ; notre cortège passe par la North Sseu-Tchouenn Road, puis sur un pont très bien établi et portant deux gigantesques tuyaux qui amènent l'eau à la ville ; nous continuons par la Sseu-Tchouenn Road ; maisons, jardins, murs, tout est à l'européenne ; de grands policemen, identiques comme faciès et comme uniformes à ceux de Londres, se promènent au milieu des carrefours. [...] Voilà maintenant des maisons à six étages. Il ne manquait plus que cela ! des magasins avec des glaces de six mètres de haut, le tout accompagné de becs de gaz perfectionnés de tous les systèmes connus et inconnus et de lampes électriques, toutes à arc par exemple, – (à Chang-Haï les lampes à incandescence ont été rejetées *comme ne donnant pas assez de lumière* : c'est un comble !). »

Caubert aime la Chine des maisons sans

étage, la simplicité des architectures, et voilà que, bien souvent, il a l'étrange sentiment d'être dans la banlieue parisienne. Sa première vision est tellement pleine de déception qu'il refuse de descendre à terre : « Tché-Fou, du large, offre du reste autant de ressemblance avec un port chinois que Saint-Valery-en-Caux. Il y a bien une espèce de tour carrée qui domine la ville et qui cherche à se donner un air d'architecture locale ; elle n'y parvient pas. » Et d'ajouter non sans ironie : « Tout le placage de constructions européennes qui décore (?) les quais écrase cette malheureuse tour et la fait passer pour une fantaisie que se serait payée un amateur de province sur les conseils d'un jardinier paysagiste. » Enfin, en chemin vers la capitale, il se sent « tout à fait la Double-Couronne et Saint-Denis. Cela devient une obsession, d'autant plus que, de l'autre côté des murs, le pays offre le même aspect que la plaine de Gonesse, avec cette différence qu'ici (*ici*, c'est en Chine) les chemins sont mieux entretenus que là-bas. » À Pékin, il tombe sur une plaque indiquant « rue Montauban » ; « Bureau de poste ; Guieu et Cie, commissionnaires ; A-Song, tailleur, etc. » toutes les patentes sont en français. Une grande enseigne en lettres d'or : « Hôtel des Colonies », et, vis-à-vis : « Dépendance », « rien n'y manque » note-t-il non sans ironie, surtout lorsqu'en descendant de voiture, il se heurte à un réverbère, « le modèle de Paris, seulement notre petit vaisseau est remplacé par l'aigle impérial. »

Cette Chine-là, celle des concessions, l'interprète la fuit le jour pour courir la cité impériale. Il observe dans les rues le spectacle de l'ordinaire. Il relève comment dans cette cité si peuplée, on entretient les chaussées et l'on se « débrouille » avec les divers et volumineux déchets aux odeurs pestilentielles qui l'encombrent. Caubert est frappé des rares événements dont les rues sont le théâtre et dont l'auteur, qui n'est pas un littérateur, fait une sobre description. « Ce sont principalement les enterrements et les mariages qui animent les rues de Pékin. Dans l'un et l'autre cas, la composition du convoi est presque analogue – musiciens, porteurs de pancartes, de lanternes, de bannières, de parasols. La chaise rouge de la mariée comme le cercueil en bois laqué ont un entourage identique. Il faut même avoir l'oreille faite depuis quelque temps aux mélodies chinoises pour reconnaître à la seule musique si c'est une jeune fille que l'on marie ou bien une duègne que l'on porte en terre. » Il ne décrit que par petites touches les rues commerçantes qui sont pourtant des plus animés selon un autre auteur, Victor Tissot (1845-1917). Dans son ouvrage paru en 1885, Tissot décrit ainsi les scènes du petit théâtre qui s'y jouent en ces années-là : « La foule qui y circule est compacte comme sur une place de foire : les mulets, les ânes, les chameaux, toutes les charrettes et les palanquins, tout cela se confond en une même masse, dont le tumulte est dominé par des cris divers de charlatans, des tireurs d'horoscopes, des montreurs de dioramas, des médecins, des acrobates, des vendeurs et des marchands ambulants. [...] Au milieu de la foule, des vieillards à barbe blanche marchent avec un long bâton au bout duquel est perché un oiseau apprivoisé ; d'autres tiennent la figure d'un cerf-volant, comme s'ils avaient douze ans. Tout à coup des coureurs à cheval qui se frayent violemment passage à travers la foule ; les cris, le tumulte augmentent. C'est un mandarin qui se rend au tribunal. Malgré l'absence du soleil, des domestiques portent d'énormes parasols ouverts. [...] Plus loin, on voit des lettrés aux nez armés de grosses bésicles, qui entrent dans les boutiques de librairies, où l'on vend aussi des journaux, entre autres la *Gazette de Pékin*. Au bout de la rue, un grand rassemblement arrête la circulation. On lit à haute voix l'affiche que le chef de la police du quartier vient de faire placarder à sa porte. Et l'on rit, et l'on s'en moque, et des gamins la couvrent de caricatures.[6] »

6. Victor Tissot, *La Chine, d'après les voyageurs les plus récents*, Paris, Jouvet, 1885 : p. 229 et suivantes.

Caubert et son épouse délaissent ce spectacle populaire qui commence dès le lever du jour avec le défilé des scribes, des employés qui se rendent au palais, qui se poursuit ensuite avec le va-et-vient des marchands de comestibles, des charretiers dès sept heures du matin. Le couple de Français ne se mêle pas à cette foule, il préfère courir les magasins d'antiquités et se livrer à la quête enivrante des « beaux objets ». Notre interprète initie ainsi ses contemporains au goût de la collection que nombre de Chinois partagent : les pièces convoitées sont des porcelaines, des théières, des pierres fines sculptées, des jades, ou encore des cristaux de roche… « Par contre, tout ce qui est métal, les bronzes, les cloisonnés, paraissent ne jouir près d'eux d'aucune faveur spéciale » note-t-il, alors que l'on sait aujourd'hui combien les cloisonnés notamment constituent des trésors précieux que les musées du monde s'envient. Il y aurait un jour à faire une histoire des « beaux objets » tant ils sont récurrents dans les récits des voyageurs de ces dernières décennies du XIXe siècle. Notre diplomate, quant à lui, se verrait bien historien de l'art : « Il y aurait à écrire sur l'art chinois non pas un, mais des volumes. Tout ce qui a été publié jusqu'à présent sur la matière est écourté ou incomplet. » Caubert suggère d'adopter une classification par règnes, avec des descriptions un peu détaillées. Mais comment penser face à une telle beauté : « Dans ces productions hors pair, sans parler ni de la beauté de l'émail ni de la finesse de la pâte, la main de l'homme, la science de l'artiste, ont donné tout ce qu'elles ont pu. Elles apparaissent vivantes, et il est délicieux de les suivre, d'avoir à examiner autre chose que la couverte plus ou moins transparente d'un monochrome réussi au hasard de la cuisson. »

Le soir venu, il faut oublier ces beautés ; la vie mondaine des légations européennes reprend le dessus. Et l'auteur, s'il est circonspect sur la nature des discussions avec le gouvernement Chinois – il s'agit toujours de négocier plus de libertés dans les échanges commerciaux –, se livre à une peinture de la société de ces fonctionnaires internationaux des plus fines. Dans ce qui ne sont pas encore des ambassades, il est une conversation qui toujours rencontre un grand succès, celle qui consiste à comparer les mets consommés par les populations locales avec les plats qu'on sert à la table des diplomates. Caubert dresse un tableau à deux entrées pour présenter ses résultats. Tissot se fie, quant à lui, à M. Choutzé et à ses analyses publiées dans son ouvrage *Pékin et le nord de la Chine*, qui recoupent à bien des égards celles de notre diplomate, témoignant de la construction culturelle du goût. Choutzé est néanmoins bien plus gourmet : « Les plats les plus demandés à

Pékin sont : le nid d'hirondelles accommodé avec des œufs bouillis (médiocre), les crevettes à la sauce (assez bon), les œufs de pigeons et de vanneaux pochés (très bon), les jeunes de crabes en ragoût (très bon), les gésiers de moineaux, les yeux et les boyaux de mouton avec une pointe d'ail (très bon), les saniolis, les pates au gras, le canard gras au bouillon (exquis), les carpes en matelotes avec du gingembre, les éperlans frits (délicieux), le poulet rôti, des moelles de mouton repoussées et accommodées très savamment (excellent), les holoturies au bouillon (exécrable), les ailerons de requin (gélatine insignifiante, mais plutôt désagréable), les pousses de bambou au jus et les racines de nénuphar au sucre (passable). » Soulignons que ce que Choutzé trouve bon, l'interprète des Affaires étrangères a souvent tendance à en souligner le caractère exécrable. L'important est en effet pour Caubert qu'en Chine on puisse manger comme en Europe. Il s'agit paradoxalement pour lui de démontrer que la vie dans les concessions européennes est des plus agréables, tout en mettant en avant la culture chinoise la plus raffinée, celle des antiquaires et des fumeries d'opium. Le théâtre n'a pas non plus grâce à ses yeux : ainsi indique-t-il en note non sans cacher son mépris : « Le tapage infernal que faisait l'orchestre du principal théâtre chinois de la concession internationale était à ce point insupportable que les Chinois eux-mêmes qui demeuraient dans le voisinage ont demandé à la police d'y interdire l'usage du *gong* ou *tam-tam*. – Nous recommanderons également aux touristes, accompagnés de dames, qui désireraient assister à une partie de représentation, – il y a des pièces qui durent deux mois, – de faire prévenir l'*impresario* de leur visite. Ce dernier, toujours très aimable, s'empressera de modérer la mimique trop expressive de ses acteurs et la mise en scène de certaines situations dont M. Zola lui-même n'a pas encore osé agrémenter son répertoire. » Caubert est un esthète qui n'aime ni le théâtre populaire chinois ni les romans naturalistes de Zola.

En creux de ces *Souvenirs chinois* se dessine le portrait de cette catégorie de voyageurs que furent en cette fin de XIXe siècles ces diplomates. Le texte de Caubert est ainsi un plaidoyer pour ce corps particulier du ministère des Affaires étrangères, et de la plus grande considération que l'auteur estime qu'il devrait avoir. Maurice Courant, dix ans plus tard, insiste : « le rôle des interprètes est de première importance, par l'influence qu'ils peuvent acquérir sur les indigènes auprès desquels ils sont les représentants des idées européennes ; leur place doit d'ailleurs croître avec la multiplication des grandes entreprises industrielles, c'est-à-dire des points de contact, comme aussi avec les transformations politiques qui s'annoncent. »

Notre auteur se voit ainsi et ne se contente pas de louer l'enseignement qu'il a reçu de son maître le comte Kleczkowski. Il défend l'École des Langues orientales qui fait l'objet de nombreuses attaques depuis 1879. « À nous tous, anciens élèves de l'École, il convient d'étendre le témoignage de notre reconnaissance à notre directeur, M. Schefer, professeur de langue persane et administrateur de l'École. C'est, en effet, grâce à ses constants efforts que l'École des Langues orientales a été réorganisée et qu'elle s'est définitivement installée dans un hôtel qui lui a été spécialement affecté [au 2 rue de Lille, dans l'actuel 7e arrondissement de Paris]. C'est aussi grâce à M. Schefer que le budget de l'École a été suffisamment relevé pour qu'on n'ait plus à regretter la perte de la dotation qui avait été réservée à l'École sur l'indemnité de guerre chinoise en 1860. » – Cette dotation fut versée au Trésor de guerre en 1870.

Certes, admet Caubert, l'administration de l'École a été souvent attaquée dans la presse et même à l'Assemblée, certains règlements pourraient gagner en lucidité et en précision, et il serait préférable que son budget ne soit pas à cheval sur les budgets particuliers de deux ministères. Mais, le diplomate de

« Les impressions personnelles du plus modeste voyageur sur les contrées lointaines méritent d'être recueillies, car elles ne peuvent qu'en rendre l'accès et la connaissance plus faciles. »

Lieut. de vaisseau Courcelle-Seneuil

Trop de contemporains ont découvert la Chine pour que l'on puisse prétendre la découvrir encore. Mais, s'il n'est plus maintenant permis de parler du Céleste-Empire autrement que d'un pays quelconque sillonné par les touristes, les impressions que les voyageurs ont recueillies et publiées ne sont pourtant ni assez nombreuses ni assez simultanées pour qu'il en soit de superflues. Du reste, en Europe, nos Sociétés de géographie, nos Clubs alpins, accueillent dans leurs bulletins, à côté des comptes rendus d'explorations ou d'ascensions nouvelles, les récits d'excursions en pays connus. Ces sociétés estiment en effet que l'expérience de chacun doit servir à tous, et que le moindre détail, puéril en apparence, peut être, à l'occasion, d'une utilité réelle aux excursionnistes de l'avenir, même lorsqu'ils parcourent des sentiers battus.

C'est dans cet esprit que j'ai collationné des notes déjà anciennes, en y ajoutant quelques souvenirs restés seulement gravés dans ma mémoire.

Puissent ces notes et ces souvenirs contribuer à diminuer la crainte respectueuse qu'inspire encore trop souvent le seul nom d'Extrême-Orient, et rendre aussi le départ moins cruel à ceux de mes compatriotes que leur destinée appelle à y résider.

Pour quelques années encore, mais seulement pour quelques années, les plages de la mer Jaune demeureront fort éloignées de nous. Avant vingt ans, Pékin ne sera qu'à douze jours de Paris ; profitons du temps qui nous reste pour parler un peu de la Chine qui s'en va. À d'autres le soin de parler de la Chine qui vient[7].

L. C. C.

Pierrefitte-sur-Seine, 15 mai 1890.

7. Il y a tout à la fois une sorte de fatuité déguisée et une modestie hypocrite à employer dans un récit la forme impersonnelle, surtout lorsqu'il s'agit de relater des épisodes auxquels on a soi-même pris part ; aussi dirai-je « je » toutes les fois que je croirai devoir le dire, – sans présomption comme sans fausse honte.

I

Le 30 juin 1886, nous étions, ma femme et moi, sur les bords du lac de Lucerne, quand je reçus mon ordre de route. Je devais faire partie de la mission extraordinaire envoyée à Pékin pour réviser le traité franco-chinois connu sous le nom de traité Cogordan. Notre départ était irrévocablement fixé au 18 juillet. Nous avions donc quinze jours à peine pour nous préparer au voyage de Marseille à Chang-Haï. Je dis nous, car ma femme était résolue à m'accompagner. Ce délai était assez court, moins court toutefois qu'un délai de huit jours seulement qui fut accordé à un autre membre de notre mission, l'attaché militaire comte Walewski, également accompagné de la comtesse Walewska.

Un départ aussi précipité, quelques jours après mon mariage, me mettait, on peut le croire, d'assez mauvaise humeur. Il est nécessaire de le constater, pour faire connaître l'état d'esprit dans lequel je fis mon voyage ; on saura ainsi que je n'étais pas disposé à voir les choses sous leur plus bel aspect.

Grâce à l'obligeance de quelques amis, *globe-trotters* émérites, il nous fut possible d'éviter bien des écoles et d'abréger la liste des acquisitions indispensables.

Les recommandations qui nous furent les plus utiles concernaient les vêtements de voyage, et il n'est peut-être pas superflu de les faire connaître aux personnes qui désireraient naviguer sous ces latitudes.

Pour la traversée, les toilettes de dame doivent être de foulard léger ou de flanelle, robes de couleur sombre à corsage flottant serré à la ceinture. Les costumes d'homme en toile à gros grain, forme dite *patrol-jacket*, c'est-à-dire veston à col droit, à un rang de boutons, non pas cousus mais fixés dans des œillets au moyen de passants mobiles. Sans cette précaution, les blanchisseurs chinois et autres ne mettraient pas longtemps à pulvériser boutons et vêtements.

La provision de linge à disposition, c'est-à-dire dans les malles de cabine, doit être suffisante pour la traversée entière, car on ne blanchit pas à bord, et la durée des escales est trop courte pour se fier aux promesses d'exactitude des indigènes qui viennent vous offrir leurs services.

Aux *patrol-jackets* il est bon de joindre un

ou deux costumes d'alpaga noir, qu'il est d'usage de porter pendant les repas. Des vêtements plus chauds sont nécessaires dans la Méditerranée et dans les mers septentrionales de Chine, si l'on doit y arriver pendant l'hiver.

Comme coiffure, le casque colonial, en moelle de sureau ou en lames de *sola*.

On nous avait encore conseillé d'acheter à Marseille un siège pliant pour la cabine, et, pour le pont, deux chaises longues et un fauteuil en rotin, comme on en trouve généralement à vendre, retour des Indes, dans les hôtels de la Canebière.

Quant aux provisions pour l'hivernage à Pékin, elles devaient comprendre les conserves de légumes fins, le vin, les liqueurs, et surtout l'eau minérale, l'eau chinoise étant généralement encore plus suspecte que l'eau européenne.

Il était également recommandé d'emporter d'Europe tous les accessoires, tels que objets de mercerie, parfumerie, pharmacie, papeterie, ganterie. Tous ces objets coûtent fort cher en Extrême-Orient, et l'on court de plus le risque de ne pas être servi à son goût.

De même pour le café et pour le tabac. On peut, il est vrai, prendre du *Moka* en passant à Aden, et du *Java* en s'arrêtant à Singapore ; mais, pour le tabac, les amateurs de havane et de caporal feront prudemment de faire leurs achats en France et de les faire mettre sous zinc soudé ; ils ouvriront les cassettes au fur et à mesure de leurs besoins lorsqu'ils seront arrivés au terme de leur voyage. Pendant la traversée il leur sera plus agréable de fumer du tabac turc ou des cigares de Manille, car, dès l'entrée dans la mer Rouge, nos tabacs d'Europe et d'Amérique laissés à l'air libre ou même dans des boîtes non hermétiques, perdent la plupart de leurs qualités aromatiques et acquièrent une saveur fade qui ne tarde pas à vous les faire prendre en dégoût.

Quant au thé – ceci pourra paraître paradoxal, mais c'est pourtant vrai –, il ne sera pas déplacé d'en emporter d'Europe, au moins pour la première année, jusqu'à ce que l'on ait pu faire ses commandes à Han-Keou. De même que nous, Français, nous ne pouvons boire nos bons vins qu'en nous entourant de mille précautions pour les acquérir, – les meilleurs s'en allant à l'étranger –, de même les Chinois ne peuvent se procurer leurs bons crus de thé qu'au prix de mille démarches. Les Russes prennent ce qu'il y a de meilleur et les Anglais ce qu'il y a de moins médiocre.

Pour ce qui est du mobilier, si l'on désire résider quelque temps en Chine, il est préférable de l'acheter à Hong-Kong ou à Chang-Haï. Il y a dans ces deux villes quantités de tapissiers chinois qui vous livrent des meubles américains, dernier style, à des prix assez modérés et dans des conditions de solidité supérieures à celles des meubles européens qui ont circulé dans la mer des Indes.

Nous conseillerons, par contre, d'emporter d'Europe tout le linge et toute la literie en caisses soudées parfaitement étanches. Il ne faudra, en partant, regarder ni à la qualité ni au prix, et avoir soin de ne prendre que des matelas de crin bien *savonné*, ce qui ne veut pas dire bien lavé à l'eau de savon.

Et maintenant, en route pour Pékin !

Notre cabine avait été retenue assez tôt à Paris pour pouvoir être choisie au pied de l'escalier du salon des premières. Elle était à bâbord, ce côté du navire devant, à l'aller en Chine, rester au nord pendant la traversée de l'océan Indien. Nous espérions éviter ainsi la réverbération du soleil sur la cloison extérieure, qui n'était autre que la coque du bâtiment, épaisse de quelques centimètres.

Le 17 juillet, jour de notre arrivée à Marseille, notre premier soin fut d'aller visiter notre futur hôtel flottant. Il s'appelait le *Natal*, paquebot-poste des Messageries Maritimes, primitivement destiné aux lignes d'Australie. C'était un navire de construction moderne, mesurant environ 130 mètres de long sur 12 mètres de large.

J'avais déjà navigué sur les courriers des lignes d'Amérique, notamment sur les navires de la *Compagnie Transatlantique* ; du premier coup d'œil je vis la différence, elle n'était pas en faveur du *Natal*. Mais il y a un vieux proverbe d'après lequel « les borgnes sont rois dans le royaume des aveugles[8] », et Dieu sait si les compagnies qui font concurrence aux Messageries Maritimes sont atteintes de cécité. Il ne faut même pas en excepter la fameuse *P. and O.*, la *Péninsulaire*, qui possède de beaux steamers sur les lignes d'Australie et de l'Inde, mais qui envoie d'abominables péniches dans les mers de Chine. Aussi la ligne française conserve-t-elle une nombreuse clientèle.

Toute la manutention de nos colis se fit à Marseille par les soins de la Compagnie des Messageries Maritimes. Libres de ce souci, nous avions fait nos derniers achats ; puis, après un dîner d'adieu chez Roubion, à la Réserve, d'où nous découvrions, en splendide

8. Depuis quelque temps, la Compagnie des Messageries Maritimes a apporté d'heureuses modifications dans l'installation intérieure de ses navires. Chaque cabine a maintenant des sonnettes électriques et est éclairée, ainsi que les salons et le pont, au moyen de lampes Edison qu'on peut éteindre ou allumer à volonté au moyen de commutateurs à libre disposition. Enfin, les passagers, entre autres facilités, jouissent toujours de l'avantage assez appréciable, surtout sous les latitudes nord de l'océan Indien, d'avoir gratuitement, aux heures des repas, les vins de table ou l'*ale* à discrétion. Seules, les machines laissent encore à désirer comme puissance : elles pourraient être plus fortes et donner plus de vitesse. En marchant à l'allure moyenne des Transatlantiques, on irait de Marseille à Chang-Haï en moins de 30 jours. On y arrivera.

panorama, la mer qui devait nous porter le lendemain, nous rentrâmes à *l'Hôtel du Louvre et de la Paix* ; nous pensions nous reposer tranquillement pendant notre dernière nuit à terre : notre espoir fut vite déçu, grâce aux bandes de chanteurs qui ne cessèrent d'entonner, toute la nuit, sur la Canebière, des hymnes en l'honneur du général Boulanger.

Le 18 juillet, le *Natal* devait partir, à l'heure habituelle d'alors, à dix heures du matin, et nous nous étions rendus à bord bien à l'avance, pour procéder à la répartition de nos bagages et à une première installation. Mais le chef de la mission, le Député-Envoyé extraordinaire, ayant exprimé le désir d'attendre le courrier de Paris, on recula le départ jusqu'à son arrivée. Mon père et l'un de mes beaux-frères, qui nous avaient accompagnés jusqu'au bateau, purent ainsi partager notre premier déjeuner.

Vers onze heures et demie, la voiture des postes accosta, m'apportant encore des lettres de recommandation que m'envoyait la Légation de Chine à Paris, et, à midi précis, le compteur de la machine marquait le premier tour d'hélice.

II

Jusqu'à ces dernières années, le voyageur qui se rendait en Extrême-Orient ne pouvait se procurer un livre unique où il aurait, à l'avance, puisé quelques renseignements sur les pays qu'il allait visiter, et regardé quelques gravures exactes lui permettant d'en préjuger l'aspect. Il lui fallait de véritables connaissances bibliographiques pour distinguer, au milieu de toutes les relations de voyage publiées, celles qui méritaient d'être lues.

M. Bonnetain, en faisant paraître chez Quantin *l'Extrême-Orient* et *l'Histoire d'un paquebot*, a heureusement comblé cette lacune. Ses descriptions sont à recommander sous tous rapports, non seulement à ceux qui veulent parcourir l'Indo-Chine, la Chine et le Japon, mais encore à tous ceux qui, sans se déranger, désirent se faire une idée aussi précise que possible des côtes de l'Asie orientale.

Aussi est-ce aux deux livres que je viens

de citer que je renvoie, de préférence à tous autres, les amateurs de détails.

Je rappellerai donc seulement, *pour mémoire* et en passant, les dispositions intérieures des paquebots du type *Melbourne, Natal, Salazie*, ainsi que la réglementation de la vie des passagers embarqués.

En partant de Marseille, nous étions entrés dans le *Natal* par la *coupée*, porte en fer de l'étage des cabines qui s'ouvre extérieurement lorsque le navire est stoppé dans un port ou à une escale. En mer, cette issue est solidement barricadée au moyen d'une barre transversale et de deux verrous hélicoïdaux qui donnent une fermeture hermétique en faisant pression sur les bandes de caoutchouc dont les bords de la porte sont garnis.

Au bout de quelques pas dans un étroit couloir, on se trouve dans l'un des corridors qui règnent dans toute la longueur du bâtiment, l'on tourne à gauche, et l'on arrive dans le salon-salle à manger des *premières*, en passant près de l'office, situé sous le grand escalier qui mène au pont.

Le salon est lambrissé en acajou et contient deux rangs de tables garnies de fauteuils cannés à pivot. De chaque côté sont les cabines, séparées du salon par une cloison de doubles lames de persiennes juxtaposées verticalement en accent circonflexe. Cette disposition a été adoptée pour faciliter la ventilation. Elle répond très bien au but que l'on s'est proposé elle n'a qu'un inconvénient, c'est de permettre d'entendre tout ce qui se passe dans l'intérieur des cabines. Ce n'est pas toujours agréable pour les voisins, surtout quand les vagues sont fortes et les estomacs peu solides.

Vers le milieu du salon l'on a ménagé, à droite et à gauche, deux petites pièces en retraite qui prennent directement jour sur les parois du navire par deux larges sabords. C'est une innovation récente qui donne un peu de gaieté à l'intérieur du salon, autrefois si sombre, si mal éclairé par le haut.

Tout au fond du salon, au-dessus de l'hélice, se trouve un sofa semi-circulaire, mais il n'est tolérable d'y rester assis que par calme plat.

Le mobilier des cabines est des plus simples. En général, elles comprennent deux couchettes, quelquefois une, quelquefois trois. – Aux *secondes* il y en a quatre.

Quand il y a deux couchettes, elles sont superposées, mais placées en L, c'est-à-dire que, seuls, les pieds des lits se superposent. Les tables de nuit se composent d'une petite boîte carrée fixée au mur, les ustensiles qu'elles comportent s'y encastrent avec précision, comme des bijoux dans un écrin. Cette disposition est nécessaire, mais pas toujours commode. Celle des Transatlantiques est préférable.

Comme sièges, un ou deux strapontins. Une toilette minuscule dont le diamètre est celui de la cuvette qui servait à nos aïeules du temps de Mme de Pompadour, et une étagère qui renferme une carafe et deux verres solidement arrimés dans leurs entournures d'acajou découpé, complètent le mobilier.

On souffre énormément du manque d'armoire, de commode, de siège mobile. Aussi doit-on prendre absolument la chaise pliante de cabine, et emporter un vide-poche en toile que l'on fixera au mur de la cabine au moyen de petits clous de tapissier, de préférence en cuivre, pour qu'ils puissent résister davantage à l'oxydation.

Ce vide-poche sera fait sur le modèle des trousses de toilette en moleskine et caoutchouc quadrillé noir et blanc, dites *trousses anglaises*. Il devra comprendre un grand nombre de compartiments, aussi profonds et aussi variés de forme que possible. Sa dimension sera d'environ un mètre de large sur 60 centimètres de haut.

L'on ne saurait compter tous les services que peut rendre ce meuble primitif pendant une longue traversée. Il permet notamment d'avoir à portée de la main les objets indispensables qui ne pourraient rester en place autrement, et qu'il serait fastidieux d'aller à tout instant chercher dans une malle.

À bord, l'étiquette varie suivant les commandants ; il est pourtant d'usage constant que les personnages de marque soient placés par ordre de préséance à la table du capitaine. Cette table n'existe qu'au déjeuner de dix heures et au dîner de six heures.

Aux autres repas, le matin à sept heures, l'après-midi à une heure, le soir à dix heures, chacun se place où il lui plaît.

Les repas sont ordonnés de la façon suivante :

De sept à huit heures : Premier déjeuner. – Thé, café, chocolat.

Dix heures : Déjeuner à la fourchette. – Hors-d'œuvre, quatre plats, carry ou *curry*[9] dessert, bordeaux et marsala, café et eau-de-vie.

Une heure : Thé, jambon, viandes froides, ale ou porter, fruits.

Six heures : Dîner. – Potage, hors-d'œuvre, deux entrées, deux relevés, deux rôtis, viande froide, salade verte, carry, entremets, dessert, bordeaux et marsala, ale et porter, café et liqueurs.

Dix heures : Thé, limonade, ale, porter.

À chaque repas, l'eau servie à table est rafraîchie ; mais le vin et les bières anglaises, que l'on donne à discrétion, sont laissés à ta température normale. C'est économique pour la Compagnie, mais désagréable au passager.

Différents vins de Bordeaux[10] ou de

9. Plat de riz cuit à l'étuvée que l'on sert avec une sauce fortement épicée, tous les jours, au déjeuner et au dîner.

10. Le bourgogne et les vins analogues supportent assez mal les excursions sous l'Équateur.

Champagne, plusieurs liqueurs, des bières françaises, figurent, en outre, sur une carte spéciale, à un tarif modéré. On paye au moyen de bons ou *chits*, que l'on signe, et qui sont additionnés au port de débarquement.

Les dames prennent beaucoup de champagne, parce que ce vin contrebalance assez heureusement les effets du mal de mer.

En quittant le salon des premières, si l'on monte l'escalier central, que recouvre un épais tapis, on accède au palier où s'ouvrent les portes des deux cabines du pont. Ces cabines sont presque toujours occupées par des voyageurs officiels ou des personnes gravement malades. Les passagers ordinaires ne peuvent les occuper, lorsqu'elles ne sont pas retenues pour ces motifs, qu'en payant un supplément de 50 %. Ces cabines sont agréables sous certains rapports, les lits sont plus larges, on y a plus d'air, – mais, comme leurs fenêtres donnent sur le pont même, on y est, par contre, l'objet de tous les regards dès qu'on veut ouvrir ses persiennes ; – en outre, par le gros temps, elles sont plus exposées que les cabines de l'intérieur.

Dans le même *rouff* se trouve l'appartement du commandant, – chambre à coucher et petit salon.

Derrière ce rouff s'étend l'arrière du navire, terminé par une dunette basse ; cet espace, réservé aux passagers des premières, est garni de bancs fixes, mobilier de la Compagnie, et de sièges qui sont la propriété de chacun, comme l'indiquent les cartes de visite qui les ornementent. Il est, comme tout le reste du pont, couvert par une tente double à rideaux épais. Les seuls instruments que l'on puisse remarquer à l'arrière sont le cadran du loch-chronomètre à torsion, fixé au bastingage, et la boîte de la sonde, dont le fil métallique trempe constamment dans de l'eau de chaux pour écarter toute chance d'oxydation.

Quant au fumoir, il est également sur le pont. Extérieurement sont deux boîtes en cuivre où brûlent constamment des baguettes de sciure de bois *odoriférantes* – si l'on veut.

C'est assis sur l'extrémité de la dunette, renversé dans mon fauteuil de rotin aux larges accoudoirs, que j'assistai le 19 juillet, à quatre heures du matin, au passage des bouches de Bonifacio.

Le ciel était remarquablement pur, la mer toute bleue, du bleu foncé particulier à la Méditerranée. Seul, le remous de l'hélice produisait une petite écume blanche qui disparaissait en laissant, longue traînée huileuse, la trace de notre sillage.

En vue des côtes de Corse, le pavillon tricolore avait battu pendant quelque temps à la corne d'artimon ; on l'amena quand le sémaphore nous eut aperçus. Après avoir décrit une courbe gracieuse, le *Natal* fila droit à travers l'étroite passe, rasant presque des rochers, et, en moins d'une heure, toute trace de terre avait disparu de l'horizon[11].

Le lendemain, 20 juillet, nous passions, vers sept heures, les *Lipari*, entre Stromboli et Panaréa, îles volcaniques en forme de pains de sucre, pitons énormes, aux rives abruptes, dont les flancs mi-bois, mi-vignobles, sont parsemés de hameaux et produisent un des meilleurs vins italiens.

Avant midi nous apercevions le massif montagneux de la Sicile dominé par l'Etna. Le célèbre volcan n'avait, à son sommet, qu'un bien mince filet de vapeur. De même que tout le panorama que nous offrait le détroit, il nous laissa une certaine désillusion. En dépit du temps splendide et des vives colorations d'une journée ensoleillée, Messine apparaissait à droite, très terne, très monotone, avec ses longs quais bordés de vieux hôtels patriciens transformés pour la plupart en magasins. Le type uniforme de ces constructions jaunes à volets verts hermétiquement fermés ne manquait pas d'une certaine originalité méridionale, mais l'on avait malgré soi l'impression d'une cité morte. C'est la même impression que l'on ressent en visitant les grandes villes de Vénétie où la large architecture des anciens

11. Depuis 1886, les navires des Messageries Maritimes, ligne de Chine, ne font plus escale à Naples.

palais semble récriminer contre l'abandon des générations modernes et affirmer, dans une protestation muette, la splendeur des temps passés, des temps glorieux.

Derrière Messine, après les faubourgs, en hémicycle étagé, s'élèvent les premiers contreforts de collines qui encastrent des vallées étroites. Des torrents les ravagent en entraînant de véritables avalanches de sable et de pierres qui tombent en éventail jusque dans la mer. Toutes les crêtes, toutes les bosses que forme le vallonnement du pays, présentent un aspect désolé ; la végétation semble nulle ; partout règne une teinte grise, coupée seulement de place en place par des taches blanches qui indiquent les travaux de fortification entrepris par le génie militaire italien. Si favorablement disposé que l'on puisse être pour ce pays, l'on comprend trop bien, après l'avoir contemplé sous ses diverses faces, ce mot fameux : « L'Italie a bien assez d'une Sicile. »

À gauche, la côte de la péninsule paraît moins déshéritée ; on remarque quelques jolis villages dans des creux verdoyants, puis l'on découvre Reggio et sa gare de chemin de fer. Nous saluons, dans le train qui passe, les derniers wagons, la dernière locomotive que nous verrons sur le continent européen.

À peine avions-nous perdu de vue les côtes de Sicile que la Méditerranée, qui avait été jusque-là très clémente, se mit à rouler des vagues plus fortes. Pourtant, au dîner, il n'y eut que très peu de désertions parmi les convives, et les tables demeurèrent aussi bien garnies qu'elles pouvaient l'être. Nous étions en effet fort peu nombreux : une trentaine de passagers de première classe, une douzaine aux secondes parmi lesquels six des personnes de service qui accompagnaient les membres de la mission[12]. Les gens que leurs affaires ou leurs plaisirs amènent en Extrême-Orient choisissent ordinairement, pour faire la traversée, un autre moment que la saison délectable qui nous avait été imposée. On trouve, en général, que cette promenade « en plein soleil » manque tout à fait de charmes[13].

Le 21, dans l'après-midi, la mer se calma ; nous avions passé les bouches de l'Adriatique, et l'île de Candie nous protégeait contre l'action

12. Qu'il me soit permis, à ce propos, de risquer une timide observation. Puisque nos paquebots sont divisés par *classes*, il serait convenable de ne pas *oblige*r nos officiers, jusqu'au grade de *capitaine inclusivement*, à occuper des places de *seconde*. Si l'emplacement fait défaut, passe encore pour le logement, mais qu'au moins à table et sur le pont ils jouissent des avantages des passagers de *première*. Cela ne grèvera pas beaucoup le budget, car la chose pourrait être demandée *gratis* à la Compagnie des Messageries Maritimes, à qui nous faisons, je crois, quatorze millions de rente annuelle.

13. Le paquebot qui nous suivait perdit trois passagers en route, dans les environs de ce paradis terrestre qui se nomme Aden, et que les Anglais quelquefois, par distraction sans doute, prononcent Eden.

des courants et contre-courants qui règnent au sud du Péloponnèse.

Le 22, de fort bon matin, j'entendis raconter que l'on avait aperçu le phare d'Alexandrie. Vers neuf heures nous arrivions à Port-Saïd très satisfaits de la perspective de passer quelques heures à terre et de visiter cette ville neuve, ou plutôt ce nouveau port, créé de toutes pièces en plein désert, à un endroit où, vingt ans auparavant, il n'y avait ni une goutte d'eau potable, ni une pierre, ni un arbre, mais seulement du sable, de cet atroce sable africain qui ressemble moins à du sable qu'à une *sale* poussière d'appartement.

L'idée de la génération presque spontanée de Port-Saïd devait nous disposer à l'indulgence. Nous en eûmes grand besoin.

À dix heures, après avoir évité à tribord une longue et étroite jetée en pierres sèches, nous ralentissions notre marche, et nous entrions dans le port en rasant un aviso égyptien qui est là en station permanente. Le *Natal* dépassa le phare de quelques longueurs et stoppa à courte distance du quai, devant le télégraphe.

Les quartiers les plus déshérités des grandes villes d'Europe, des métropoles américaines, ne peuvent donner qu'une faible idée des côtés repoussants du champ de foire cosmopolite qui se nomme Port-Saïd.

Les paquebots-poste du type *Natal, Melbourne*, etc., consommant cinquante tonnes de houille en vingt-quatre heures, doivent fréquemment remplir leurs soutes. L'on s'arrête à Port-Saïd surtout pour faire du charbon. Cet embarquement est des plus désagréables. On a beau calfeutrer toutes les portes, tous les sabords, la poussière noire entre partout, et l'on est obligé, l'opération terminée, de procéder à un lavage général pour ramener un peu de propreté sur le pont et dans les couloirs.

Port-Saïd ne peut en aucun cas être considéré comme un centre d'excursions. Il n'y existe aucune communication par chemin de fer avec l'intérieur de l'Égypte. Quand on désire se rendre au Caire on doit aller en mouche, sur le canal, prendre le train à Ismaïlia.

Pourtant le voyageur pressé qui désire visiter rapidement la Palestine économisera non son argent, mais son temps, en prenant à Marseille le courrier de Chine et en s'arrêtant à Port-Saïd d'où il gagnera facilement Jaffa. L'on peut ainsi faire le voyage de Paris à Jérusalem en moins de huit jours.

De Port-Saïd, il y a souvent des départs de paquebots pour la Syrie.

L'hôtel le plus supportable est *l'Hôtel de France et du Louvre*.

Toutes les monnaies ont cours, mais il y a avantage à avoir de l'or français ou anglais que l'on pourra changer avec bénéfice, sur place, contre de l'argent.

À peine le navire qui vous amène est-il

amarré que vous êtes assailli d'une nuée de bateliers rapaces. Ils veulent vous imposer leurs services. Pour eux, le passager est un contribuable taillable et corvéable à merci. Quelle que puisse être votre charité à l'égard de ces malheureux, gardez-vous bien de leur donner plus de cinq sous, soit comme aumône, soit comme prix de passage par personne pour les trois coups de rame (ni un de plus, ni un de moins) qui doivent vous mener à terre. Si vous avez la mauvaise inspiration de vous montrer plus généreux, ils croiront que vous ne connaissez pas le tarif et vous réclameront avec des airs furibonds deux francs si vous leur en avez donné un, quatre si vous en avez donné deux.

Mais voici bien une autre histoire. Sitôt débarqué, vous êtes entouré de camelots indigènes qui s'obstinent à vous faire acheter un souvenir de Malte, que vous n'avez point vue, de Jérusalem, où vous n'avez pas été. Si vous parvenez à vous débarrasser facilement encore de ces premières importunités, vous n'en avez pourtant pas fini avec d'autres : ce sont maintenant les *cicerone* qui vous poursuivent, les vendeurs de photographies révoltantes qui vous harcèlent jusqu'à ce que, fatigué d'écarter constamment cette multitude qui se rue, vous vous précipitiez dans un café d'où s'échappent, par envolées, les bribes d'une valse de Strauss ou d'une polka de Fahrbach.

Encore tout étourdi, vous regardez autour de vous. Si vous êtes Parisien, le style général de l'établissement vous rappellera en mal celui des baraques du quai du Point-du-Jour. Dans le fond, devant une toile qui reste généralement baissée, un orchestre de femmes soi-disant viennoises écorche la musique qui a frappé vos oreilles. Sur les côtés vous remarquez des espèces d'alcôves fermées de rideaux verts. De ces alcôves s'échappent des sons métalliques. Vous êtes dans l'un des nombreux tripots qui font l'ornement de Port-Saïd et les délices des gens qui les tiennent. Des *allumeurs* vont jusque dans la rue faire tinter quelques pièces d'or pour attirer les badauds naïfs dans leur repaire. C'est là que, derrière une balustrade qui vous tient à distance respectueuse des tableaux et de la roulette, vous pouvez assister au défilé des pièces de tous les systèmes monétaires connus. Tout est bon pour le râteau crochu qui se promène trop fréquemment sur la moleskine crasseuse où se « font les jeux[14] ». Tout est bon pour ces rafleurs infatigables :

14. Ce n'est pas la rancune qui me fait parler ainsi, car j'ai gagné à l'une de ces roulettes, en allant en Chine, onze francs, non ! onze rondelles d'argent à toutes les effigies connues ou inconnues. Je partis faisant charlemagne, en riant de la mine déconfite du banquier. Il est vrai qu'on prit mon signalement et qu'on se souvint de me les faire reperdre lorsque je revins en Europe. Je restituai alors mes onze rondelles, mais pas une de plus.

les louis, les sequins, les thalers, les florins, les pesetas, les piastres mexicaines, les soles du Pérou, les livres turques. L'équivalence se fait au juger, au diamètre et à l'épaisseur approximative. C'est une promiscuité internationale même parmi les sous.

Ce n'est pas un, c'est dix de ces tripots que vous rencontrez dans la rue principale de Port-Saïd.

Il y a, fort heureusement, un certain nombre d'habitants respectables mais en dehors des négociants ils se cachent ; l'on peut supposer qu'ils rougissent de vivre dans un milieu pareil.

Pour vous réconforter, on vous propose une promenade à la ville arabe. Si vous avez de la chance, vous arriverez peut-être à vous procurer l'unique fiacre de l'endroit. Encore ne faut-il pas que le cocher soit malade, car il n'y a que lui qui sache conduire son véhicule.

Ce mode de transport est au surplus dangereux dans un pays où l'on n'y est pas accoutumé, car personne ne veut se déranger et l'on risque à chaque instant d'écraser quelqu'un.

La ville arabe est un rêve. Sa description en est aisée.

Première ligne : la mer.

Deuxième ligne : dune servant de rue.

Troisième ligne : huttes infectes sans aucun caractère.

Quatrième ligne : une douzaine de kiosques parisiens, à trois compartiments (nouveau modèle breveté S. G. D. G.), en quinconces très espacés et sur pilotis ajourés ?!! Le tout accompagné d'émanations fétides.

La population est la plus navrante que j'aie jamais vue sur n'importe quel point du globe. Les insectes y sont variés et tenaces. Aussi, quand on sort de cette ville arabe, en revient-on le cœur serré et le cuir piqué.

La visite de Port-Saïd, malgré tout, produit un effet salutaire. En effet, le voyageur y voit pis qu'il ne verra ailleurs. L'Inde lui paraîtra plus belle, la Chine moins délabrée.

Cet effort avorté de la civilisation semble placé là comme un exemple, peut-être comme un avertissement.

III

Le tableau noir que l'on affiche dans la *coupée*, à toutes les escales, indiquait pour deux heures de l'après-midi le départ du paquebot. À l'heure dite, l'hélice donnait son premier tour, et nous entrions lentement, très lentement, dans le canal[15].

Je ne suis pas de l'avis de ceux qui déclarent n'avoir rien éprouvé quand le navire s'avance au milieu des terres, sur l'étroite voie d'eau qui relie les deux mers. On se sent remué malgré soi, et l'on ne peut s'empêcher de rendre hommage à l'énergie qui a mené à bien une si grande œuvre dans un pays aussi ingrat. Quand le vent s'élève et que du désert des

15. 5 milles à l'heure, vitesse maxima, pour ne pas dégrader les berges par des remous trop forts. La vitesse ordinaire en *pleine eau* était en 1886, pour les paquebots-poste, de 72 tours d'hélice à la minute, chacun de 7 mètres de propulsion, soit, *théoriquement*, 504 mètres à la minute, dont il faut, *pratiquement*, déduire 1/10.

nuages de sable, arrivant comme des nuées d'orage, vous enveloppent d'une poussière si fine qu'elle pénètre partout par les plus petites fissures, – quand l'atmosphère est tellement obscurcie que les navires sont obligés de s'arrêter parce qu'il devient impossible de les diriger avec la précision mathématique obligatoire pour ne pas s'échouer sur les berges, on apprécie plus justement les efforts et les souffrances des travailleurs de tout ordre et de tout rang qui ont percé l'isthme de Suez, et sans exagération, pour un Français, cela vaut presque la *Colonne*.

Nous n'avions pas encore, à bord du *Natal*, les projecteurs électriques qui permettent de transiter de nuit, et le soir, vers sept heures, nous dûmes nous ranger dans une gare jusqu'au lendemain matin. C'était l'avant-dernière station avant le lac Timsah ; aussi nous fut-il impossible d'aller jusqu'à Ismaïlia, comme nous l'avions un instant espéré. Ce fut une déception, car nous aurions voulu nous remettre de Port-Saïd, et nous savions qu'Ismaïlia était aussi charmante que sa voisine était odieuse. À Ismaïlia, la main de l'homme a accompli le tour de force que l'on n'a pu réaliser à Port-Saïd. Grâce au canal d'eau douce, une ville entourée de jardins, aux rues plantées d'arbres, à la culture maraîchère abondante, a pu être créée, véritable oasis artificielle qui s'étend de jour en jour. Nous *brûlerions* le lendemain, dès l'aube, cette terre promise, sans pouvoir y mettre les pieds.

Quelques instants après notre arrimage, ma femme me fit remarquer le coucher du soleil, qui était fort beau, mais moins beau qu'il n'aurait été si nous avions pu atteindre le lac Timsah. La déception que j'avais eue de ne pouvoir visiter Ismaïlia m'avait rendu grincheux, et je ne prêtai qu'une attention distraite au spectacle vraiment admirable que nous avions devant nous.

La soirée se passa cependant gaiement grâce à quelques plaisanteries classiques auxquelles voulut bien se prêter un de nos compagnons de voyage, habitant de Clamart, frisant la soixantaine, qui avait choisi le Tonkin pour y faire sa première excursion. C'était un grand pêcheur à la ligne.

On avait beaucoup parlé de la pêche dans le canal, et de la possibilité que l'on aurait de s'y livrer.

Le canal est véritablement assez poissonneux ; on persuada à notre pêcheur que ses eaux regorgeaient de saumons. Puis on le fit s'installer sur le pont, une énorme ligne à la main.

À l'étage inférieur, un compère logé dans une cabine tirait d'une main doucement la ligne et de l'autre attachait un objet à l'hameçon. L'habitant de Clamart retira d'abord une botte, puis une boîte de conserves ; rien ne paraissait l'étonner. Il se contentait de répéter une phrase qui lui était favorite depuis le matin : « Non, vrai, pour de sales localités, ce sont de sales localités. »

La mystification ne prit fin que lorsqu'il remonta une pipe tout allumée. Il fut le premier à en rire.

Le lendemain, la plupart des passagers dormaient encore que nous avions repris notre route. Nous croisons des mouches (bateaux-omnibus qui circulent de station en station) et un navire de guerre français qui revient de Zanzibar avec notre plénipotentiaire, M. Lemaire. Puis ce sont des dragues, d'immenses machines rendues populaires par les photographies et les modèles du musée de Marine au Louvre. Ces dragues travaillent constamment à entretenir la profondeur et la largeur normales du plafond et des berges.

Après avoir franchi le seuil historique du Sérapéum, on aperçoit un petit promontoire surmonté de constructions rouge brique : c'est la villa mauresque où l'impératrice Eugénie séjourna quelque temps, lors des fêtes d'inauguration (novembre 1869). On entre dans le lac Timsah, si peu profond que le chenal est balisé. Au loin les arbres de la verdoyante Ismaïlia. L'on s'enfonce à nouveau dans les sables jusqu'à Suez, et nous sortons du canal[16]

16. Le prix du passage dans le canal d'un paquebot du tonnage du *Melbourne* est de 40 000 francs, payables en or.

vers deux heures. Escale courte, on vise les papiers du bord, on échange les lettres[17].

La ville est insignifiante, composée de constructions basses, de couleur blanche et de style arabe. Du bord, il n'y a que la fumée d'un train filant sur le Caire qui nous rappelle l'influence européenne.

Suez offre pourtant un certain intérêt au touriste que tenterait l'ascension du Sinaï, car c'est de cette ville qu'il pourrait le plus commodément organiser sa caravane[18].

Monnaie la meilleure à avoir sur soi : or français ou anglais (comme partout, d'ailleurs).

Vers quatre heures nous repartons. Dans un lointain brumeux le massif montagneux du Sinaï se profile assez vaguement à droite et à gauche, les terres s'écartent, présentant toujours le même aspect aride et désolé.

Le 25, au réveil, nous sommes en pleine mer Rouge ; le thermomètre monte de plus en plus, il arrive à 35° centigrades. C'est une chaleur supportable quand on peut réparer ses forces par une nuit fraîche ; malheureusement cette température est constante : vers quatre heures du matin seulement, le mercure baisse d'un

17. Il y a à bord de chaque paquebot-courrier un agent des postes, commissaire du gouvernement, sans l'agrément duquel le commandant ne peut lever l'ancre.

18. Voir, pour les détails, le voyage de M. Hachette au Sinaï, collection du *Tour du Monde*.

ou deux degrés. Beaucoup de brouillard au moment du coucher du soleil. La navigation devient dangereuse à cause des collisions possibles ; cependant nous filons 15 nœuds à l'heure, soit 27 k. 800, – presque la vitesse d'un train omnibus.

Le 26, nous sommes par le travers de La Mecque ; nous apercevons même, – surtout avec les yeux de la foi, – Djeddah, port de la ville sainte.

Le 27, le thermomètre monte la nuit à 38°. Nous remarquons sur la côte d'Asie quelques carcasses de bâtiments qui se sont échoués là et qu'on n'a même pas cherché à renflouer. Cela fait du bois pour les indigènes.

Le 28, nous passons entre Cheik-Saïd, propriété d'une maison de commerce de Marseille, et l'îlot de Perim. L'habitant de Clamart répète plus que jamais sa phrase favorite, et vraiment il est difficile de ne pas être de son avis.

À Cheik-Saïd, – terre française ? – il y a quelques constructions inhabitées. À Perim, on trouve des fortifications armées de canons, deux casernes minuscules pour le petit poste que la garnison d'Aden relève tous les deux mois, enfin un sémaphore et un bureau télégraphique. Avec cela, un territoire grand comme deux fois la place de la Concorde et couvert de la même végétation luxuriante. C'est du dernier folichon.

Les commandants-gouverneurs de ce

charmant îlot ne demandent pas en général à y demeurer très longtemps. Il y a quelques années pourtant une exception se présenta : le titulaire demandait avec obstination son maintien. On consentit à lui renouveler ses pouvoirs une fois, deux fois, trois fois, car, chaque fois qu'une période allait expirer, une nouvelle demande de prolongation arrivait à l'autorité compétente. À la fin la chose parut étrange, tellement étrange que l'on fit une enquête. L'on parvint à apprendre que l'estimable commandant-gouverneur de Perim, qui avait bien, je crois, un grade équivalent à celui de sergent-major, n'avait jamais quitté le pavé de Londres. C'étaient les sous-gouverneurs qui se succédaient, des caporaux apitoyés sans doute, qui envoyaient les dépêches au nom de leur chef. Qui, vouliez-vous, aurait eu l'idée d'aller surprendre l'excellent gouverneur d'une aussi jolie colonie ?

C'est du moins ce que dit la légende, et *se non è vero*... c'est bien plausible.

Le soir du 28 juillet, vers cinq heures, la température devint tout à fait insupportable : un brouillard épais et lourd s'était levé, nous respirions avec peine, et la persistance de l'humidité chaude qui nous enveloppait causait un abattement général tant au physique qu'au moral. Après le dîner, le commandant, pour diminuer autant que faire se pouvait l'impression accablante de la journée, nous avait autorisés à monter sur sa passerelle supérieure ; on sentait mieux le courant d'air déplacé par la marche du bâtiment, mais la faible brise qui nous fouettait le visage était brûlante : au bout de peu d'instants la gorge devenait sèche et l'on sentait aux yeux des picotements.

À neuf heures passées, on signalait le bateau-feu d'Aden ; le navire ralentit sa marche, l'état du ciel était menaçant comme à l'approche d'une tempête sous nos climats européens ; quelques passagers s'étant mis à parler d'orage probable, les *habitués* de la ligne, il s'en trouve toujours d'embarqués, – esquissèrent un sourire et insinuèrent qu'il n'était pas tombé une goutte d'eau à Aden depuis trois ans.

Tout à coup le *Natal* stoppa, – on entendit le sifflement bien connu d'une pièce pyrotechnique ; tournant la tête, nous vîmes une fusée tricolore qui retombait en gerbe, pendant que deux foyers très brillants éclairaient tout un côté du pont. C'étaient deux *moines* (*vulgo* deux flammes de Bengale) que le *capitaine d'armes* venait d'allumer pour annoncer l'arrivée de la *Malle française*.

Nous regardons alors dans la direction où l'on nous disait être Aden, et nous ne percevons que la toute petite lumière du bateau-feu scintillant à peine comme une étoile, au milieu de vapeurs flottantes. Une lueur vive, suivie d'une formidable détonation répercutée par les échos, parut donner raison aux pronostiqueurs d'orage. – « C'est le premier coup de canon qui indique notre approche aux Adenois, dirent flegmatiquement les habitués. Vous allez en entendre d'autres[19]. »

À la troisième détonation, le *Natal* reprit lentement sa marche. De minute en minute, la *sirène* lançait un hurlement prolongé et plaintif. D'autres hurlements analogues nous tintaient aux oreilles, tantôt très proches, tantôt plus éloignés. Les bâtiments mouillés en rade signalaient ainsi leur présence et indiquaient la direction à prendre.

En arrivant près de terre la brume s'était un peu dissipée. On pouvait distinguer la côte, et rien n'était plus curieux que de voir toutes les maisons de *Steamer-Point*, plongées quelques instants avant dans l'obscurité la plus complète, s'éclairer les unes après les autres. Il devenait facile d'en compter les fenêtres.

Cet embrasement successif pouvait donner l'illusion d'une manifestation en l'honneur d'un hôte impatiemment attendu.

Un de nos compagnons, que son séjour dans l'infanterie de marine avait rendu tout à fait *loustic*, s'avisa d'ancrer cette conviction dans l'esprit de l'habitant de Clamart. « Comment,

19. Le nombre de coups varie suivant la nationalité et la provenance du courrier.

cher Monsieur, vous ne voulez donc pas assister à la représentation de gala donnée en notre honneur au grand théâtre d'Aden ? Voyez, la réception promet d'être splendide : on tire des salves, on illumine. Allons vite ! descendez revêtir *l'opera dress*. » La plaisanterie prit parfaitement, car, un quart d'heure après, nous avions l'étonnement d'en contempler la victime arpentant le pont en « habit noir et cravate blanche ».

En même temps que la côte s'était dessinée par des cordons de lucioles, la mer se couvrait d'embarcations de toute sorte portant chacune, en guise de fanal, une lanterne plus ou moins primitive.

Maintenant, on baissait l'escalier de la coupée, le canot de la poste accostait pendant qu'un *tug* arrivait à toute vapeur remorquant des péniches chargées de notre approvisionnement de charbon. La rade, tout à l'heure si noire et si calme, était devenue extraordinairement animée. Des exclamations, des invectives en toutes langues, se croisaient au milieu du bruit des sifflets de manœuvre, du déroulement saccadé des treuils à vapeur tendant les amarres ou déchargeant les bagages. Une quantité de petites pirogues entouraient le gros paquebot et s'emplissaient de nègres, d'hommes au teint bronzé qui paraissaient sortir des flancs du *Natal*, au ras de l'eau. Ils en bondissaient, en effet, par les portes des soutes à charbon.

C'étaient nos chauffeurs *Somalis* qui, sous la conduite et la responsabilité de leur *suran* et de leur *tindal*[20], se rendaient à terre, au sein de leurs familles. Dans leur français pittoresque, ces bons Somalis disent, quand ils descendent à Aden, « qu'ils vont à dame ».

Débarqués, ils n'ont à leur disposition que quelques heures de liberté, car les escales deviennent de jour en jour plus courtes, mais ils peuvent se reposer à Marseille et à Chang-Haï, entre l'arrivée et le départ du navire auquel ils sont attachés.

Quelquefois, d'aucuns restent à Aden d'un paquebot à l'autre ; ils sont alors rapidement remplacés par des hommes de réserve que le correspondant du *suran* doit avoir à sa disposition.

Les équipes partent toujours au complet ; il est indispensable d'y tenir la main à cause du service horriblement pénible des chambres de chauffe dans l'océan Indien. Le thermomètre y monte parfois jusqu'à 55°, en dépit des ventilateurs et des manches à air. Même, pour les nègres, le séjour prolongé dans un semblable milieu est intolérable, et les *quarts* doivent se renouveler fréquemment, en certains cas toutes les deux heures.

De temps en temps, mais pas souvent, notre *suran* se montre à l'avant du paquebot. Il fait

20. Chef et sous-chef indigènes des équipages de chauffe.

les cent pas, pendant que ceux de ses hommes qui sont libres de service jouent aux cartes, accroupis dans un coin, tout près de l'abattoir.

Il est splendide ce *suran*. D'un noir magnifique, taillé en hercule, il mesure au moins six pieds. Son caractère est assez jovial d'apparence ; ni lui ni ses hommes ne semblent souffrir de la cuisson intermittente à laquelle ils se soumettent. Les joueurs de cartes s'amusent énormément, à en juger d'après leurs éclats de rire et l'intérêt qu'ils prennent à un jeu qui rappelle singulièrement le *rams*, souvenir probable des séjours à Marseille.

Plusieurs passagers, y compris l'habitant de Clamart, – désabusé et revêtu d'un costume plus adapté aux circonstances, avaient débarqué, les uns simplement désireux d'aller passer une nuit dans un lit *terrien*, les autres curieux d'aller contempler la *localité* sous tous ses aspects.

Nous avions, pour notre part, préféré rester à bord et partir seulement le lendemain, vers quatre heures et demie du matin, pour faire le pèlerinage obligatoire des citernes[21].

Aden occupe une presqu'île de forme presque triangulaire et reliée à la côte d'Arabie par un isthme étroit, assez court et très plat.

21. Il est absolument *indispensable* de ne jamais circuler à Aden, et autres lieux analogues, sans une ombrelle doublée de soie verte.

Le territoire se divise en deux parties principales : la ville arabe, la ville européenne. Cette dernière, *Steamer-Point,* est à bonne distance de la première. Partout des fortifications taillées dans le roc, des chemins couverts maçonnés, des tunnels stratégiques, des batteries. On ne sait pas où le système de défense commence, on ne voit pas où il finit, ni contre qui il est installé. Il est certainement à plusieurs fins. Il permet d'isoler entièrement la ville européenne, et il commande la mer du côté de l'isthme ; du côté opposé, c'est-à-dire du côté de la pleine mer, Aden se trouve pour ainsi dire inabordable et inaccessible.

C'est à *Steamer-Point* que le 29 au matin la baleinière du commandant nous permit d'accoster[22], au fond d'un petit golfe semi-circulaire, bordé de constructions européennes plus ou moins appropriées aux exigences du climat.

Nous passons devant *l'Hôtel de l'Europe,* tenu par un Syrien, puis devant *l'Hôtel de l'Univers,* géré par un Français[23].

22. Pour les personnes qui ne peuvent profiter de la même faveur, voici le tarif des barques qui font le trajet entre les steamers et la côte : *6 annas* par personne, des steamers à terre, quand le steamer est ancré entre la côte et le bateau-feu, – *8 annas* quand le steamer est en dehors de cette zone.

De la côte au steamer *12 annas.*

23. Il y a encore *l'Hôtel du Prince de Galles.* Toutes ces maisons sont assez bien tenues.

Des voitures nous attendent qui nous mèneront visiter les curiosités locales.

On loue les véhicules à un cheval 6 annas l'heure. Il est préférable, quand on veut ne pas rester longtemps dans la ville arabe, de dire à l'automédon, en partant de *Steamer-Point*, qu'on le prend aller et retour. Le tarif est alors de 2 roupies pour une voiture à un cheval, de 3 roupies pour une voiture à deux chevaux.

La monnaie est déjà du système indien ; la roupie d'Aden *en banque* a des cours différents de ceux des roupies de l'Inde, mais la monnaie métallique est la même[24].

Dans la presqu'île d'Aden, l'impression la plus étrange que l'on éprouve est celle que l'on ressent en regardant autour de soi : il semble qu'à peu de distance tous les plans et tous les objets se confondent, que la perspective n'existe plus et que l'on ait devant les yeux non pas des reliefs massifs et des profondeurs réelles, mais toute une série de mauvais décors de théâtre plaqués les uns sur les autres.

En Europe j'ai remarqué le même phénomène en montagne, surtout dans les parties rocheuses des Pyrénées ; il doit sans doute être

24. Une roupie = 16 annas = 192 pices environ 2 francs (le cours est très variable). Un lac = 100 000 roupies. Un crore = 100 lacs. Il y a des pièces d'argent d'une roupie, d'une demi-roupie, d'un quart de roupie, de 2 annas.

attribué soit à la siccité de l'air, soit à certains effets de lumière.

La teinte générale du paysage est le gris-roux ; tout y fond, terrain, hommes et bêtes. Et, comme la végétation est nulle, *absolument nulle*, il n'y a que les vêtements clairs des Européens, les façades jaune-pâle des maisons, qui tranchent sur la couleur dominante.

En arrivant au sommet de la route en lacet qui mène à la porte des crêtes, nous traversons une poterne. Un magnifique factionnaire *sikh*, la tête ornée d'un gigantesque turban rouge, nous présente les armes. Nous ne portons cependant aucun insigne, aucune décoration qui puisse nous valoir cet honneur. Il paraît que c'est l'usage et la consigne. Tout Européen qui franchit la porte a droit à cette marque de respect.

Nous redescendons la pente inverse de l'escarpement que nous venons de gravir. Au loin la ville arabe s'étend toute blanche, toute plate, entourant la grande place du marché encombrée de chameaux et de chèvres. C'est là que se font les arrivages du fameux café d'Arabie dit *Moka*, le premier café du monde, mais le plus difficile à obtenir *genuine*, comme disent les Anglais[25].

25. Le bon *Moka* est cueilli avant d'être tout à fait mûr. Son grain ne doit pas être plus gros qu'un petit pois extra-fin. Au marché d'Aden, les naturels, qui connaissent

Après avoir contourné la ville en prenant à gauche, nos voitures s'arrêtent à l'entrée du *Jardin* d'Aden, si l'on peut appeler Jardin la collection des quelques arbustes et des vingt pots de fleurs qui végètent misérablement derrière la grille des *public grounds*.

On gravit quelques marches, et un gardien indigène vient à votre rencontre qui offre de vous piloter à travers son domaine.

Un écriteau explique obligeamment qu'il est défendu de cueillir des fleurs ; néanmoins le gardien m'en donne une en me disant en français « pour la dame ». Très pur ce gardien, mais la fleur qu'il m'a remise est moins *pure*, elle a l'apparence d'une châtaigne verte et exhale une odeur épouvantable, horriblement pénétrante, – ce que pourrait sentir la quintessence de beurre rance.

Jamais je ne rapporterai ce poison au bateau mais, pour ne pas mortifier le bon gardien, je conserve provisoirement son cadeau à la main, le portant presque bras tendu.

Au bout du jardin, se dressent les parois d'une *casse* rocheuse dont les plus imperceptibles fissures sont cimentées pour recueillir la moindre goutte d'eau. Au pied de la *casse* sont les citernes. Il y en a trois, – leurs paliers sont étagés ; la plus grande peut contenir

---

le prix de cette denrée, l'apportent, sans vergogne, mélangé de cailloux dans une proportion de 50 à 60 p. 100.

21 000 mètres cubes ; au moment où nous la voyons, elle renferme un peu d'eau verte et saumâtre. Deux jardiniers en puisent devant nous un seau minuscule pour arroser les plantes produisant l'aromate exquis qui continue à se tordre entre mes doigts.

L'aspect général des réservoirs est assez imposant. Les travaux exécutés représentent un beau cube de maçonnerie ; mais toute cette installation est complètement inutile : 1° parce qu'il pleut trop rarement à Aden, 2° parce que l'eau recueillie à grand peine est imbuvable.

La presqu'île, depuis longtemps déjà, est alimentée par des usines distillatoires qui fabriquent aussi des blocs de glace. Ces usines, situées au bord de la mer, sont d'un entretien fort coûteux, mais l'eau qu'elles produisent est potable ; elle n'a qu'un inconvénient, celui de coûter très cher, si cher qu'il est constant *de faire servir la même à plusieurs usages et à différentes reprises*. C'est ainsi que les amateurs d'équitation gardent le contenu de leur bain pour faire laver leurs chevaux.

En descendant les derniers escaliers des citernes[26] notre regard embrasse dans toute son étendue le cirque formé par les collines qui entourent la ville arabe. À droite, se profilent

26. Témoignage pécuniaire de reconnaissance au gardien = 1/2 roupie par personne.

sur une pente fuyant jusqu'à la mer, l'église catholique et le couvent des Sœurs de Saint-Vincent-de-Paul ; plus bas, sont les *barracks* (casernes) avec un champ d'exercices, puis la place du marché.

Le côté nord-est de cette place est bordé de maisons d'apparence confortable. L'une d'elles, à cette époque, était occupée par M. César Tian, notre compatriote, et l'un des principaux exportateurs de café.

M. Tian nous avait invités à venir le voir, et avec beaucoup de complaisance nous avait facilité la préparation de nos provisions de moka.

Il nous montra ses magasins, ses triages, ses appartements. La maison qu'il habitait était à deux étages de portiques, celui du premier formant vérandah. Le toit à l'*italienne* sert de chambre à coucher pendant la saison la plus chaude. Enveloppé d'un drap mouillé, l'on s'endort sur le sol de la terrasse. L'évaporation de l'eau, – principe de l'alcarazas, – vous rafraîchit pendant deux heures ; si au bout de ce temps l'on a encore trop chaud, on en est quitte pour retremper son drap et recommencer. J'aurais été porté à croire que ce genre de refroidissement nocturne prédisposait aux rhumatismes. Il paraît qu'il n'en est rien. C'est seulement très affaiblissant, car cela équivaut à un bain continu.

Les fenêtres vitrées sont inconnues à Aden,

de même que les panneaux de mousseline contre les moustiques ; aussi les lampes sont-elles emprisonnées dans de petites lanternes en treillis de fil de fer qui empêchent toutes les bestioles voltigeantes de venir se brûler à la flamme et d'encombrer les chambres de leurs cadavres.

M. Tian nous offre le *mastic*, liqueur qui opalise l'eau à l'instar de l'absinthe et de l'extrait d'anis. Cette boisson est insipide, mais la glace qui fond dans nos verres à vue d'œil nous la fait paraître excellente.

Il est huit heures. Il nous faut prendre congé de notre aimable hôte. Nous regagnons la route de Steamer-Point en passant sous un tunnel où la poussière en suspension est tellement dense qu'on ne distingue rien à deux pas. C'est avec un soupir de soulagement que nous revoyons le soleil brûlant et les terres pierreuses qu'il rôtit.

« Enfin, risque l'habitant de Clamart, il n'y a rien à dire, c'est l'Arabie pétrée. – Ah oui, pétrée ! et rudement encore », lui répond-on en chœur.

Le *Natal*, dont la grande silhouette noire écrase tous les autres navires, moucherons à côté d'un frelon, s'agace de notre longue absence et lance des coups de *sirène* désespérés.

Revenus à Steamer-Point, nous nous hâtons de régler nos comptes de voitures et nos embarcations font force de rames pour regagner notre *home* ; c'est bien un *home*, car chaque fois que nous revenons à bord nous éprouvons la même satisfaction que celle dont l'on jouit lorsqu'on rentre chez soi. La théorie de droit maritime qui veut que chaque navire soit une portion du territoire national n'est pas tant fiction qu'on serait tenté de le croire.

Avant d'arriver à l'escalier de la coupée, nous sommes cernés par une quantité de négrillons montés dans des canots faits d'un seul tronc d'arbre. Ils sont maigres comme des clous et ont la chevelure rousse. Ce n'est point la teinte naturelle de leurs cheveux ; ils ne l'acquièrent que grâce à la pommade de chaux dont ils sont enduits par mesure de propreté. Les négrillons crient : *A la mec ! A la mec ! Capt'ain ! à la mec !* sur l'air des *Lampions*. Ce qui veut dire « Capitaine, jette une pièce de monnaie à la mer, nous piquerons une tête pour aller la chercher. » Autrefois, ces gentilshommes étaient nus comme des vers, ils plongeaient alors pour de simples sous ; maintenant qu'ils portent un pagne grand comme la main, ils ne se dérangent que pour des pièces d'argent. Il faut bien payer son tailleur !

Il est presque dix heures quand nous quittons la rade ; nous revenons sur nos pas pour contourner la presqu'île.

La mer est très mauvaise, la chaleur toujours

croissante[27] malgré les *pankahs*[28], il est impossible de rester à l'intérieur du bâtiment. À peine a-t-on la force de se traîner sur le pont, où l'on s'affale sur le premier siège venu pour trouver dans le sommeil et dans l'immobilité absolue un soulagement relatif.

Le soir, nous apprenons que le *Natal* passera très près du cap Guardafui, pour s'assurer que l'*Oxus*, qui n'est pas arrivé en temps voulu à Aden, ne s'y est pas perdu.

Le lendemain 30 juillet, vers midi, nous percevons les approches dudit cap à travers les volatilisations tremblotantes de l'eau qui nous en sépare.

Pour avoir une idée de l'état d'agacement dans lequel vous met l'observation de l'horizon dans de semblables conditions, on n'aura qu'à allumer une bougie ou une lampe en plein jour et à regarder, en visant le courant d'air chaud qui surmonte le foyer, le premier objet venu. On se procurera ainsi l'agrément d'en voir danser les contours, et d'éprouver au bout de peu d'instants un parfait énervement et un éblouissement qui ne laisse rien à désirer.

27. *Jamais*, j'insiste sur le mot *jamais*, le gouvernement anglais n'ordonne de transports de troupes pendant la période de juin à septembre. On sait trop bien à Londres les déchets coûteux sur lesquels il faudrait compter.

28. Sorte d'éventails en sparterie recouverts de housses blanches, qui sont pendus au plafond, et que les *boys* chinois du service agitent dans les salons, pour créer des courants d'air artificiels. Au moyen d'un système de poulies assez compliqué, un seul homme fait marcher *huit* de ces pankahs.

Dans son genre, le paysage est assez réussi. Soleil de plomb, ciel *idem*, hautes collines et falaises de rocs rouges, flaques de sable jaune ; en dehors de cela rien ! rien ! rien !

Fort heureusement l'*Oxus* ne s'est pas échoué à l'un des faux caps[29].

Caro, quelque part dans sa *Morale sociale*, cite comme plein d'un bel élan de scepticisme le vers suivant :

Celui qui pouvait tout a voulu la douleur ;

il aurait pu y trouver une variante :

Celui qui pouvait tout a créé Guardafui.

Il y a des monstruosités qui sont belles dans leur hideur ; la côte somali est pire que monstrueuse, pire que hideuse, elle est infernale.

29. Cette partie de la côte d'Afrique est fort dangereuse pour les navires qui passent du golfe d'Oman dans le golfe d'Aden, parce que les dentelures en escalier, chacune en retraite, que forment les promontoires et les ras, se ressemblent toutes. Si pendant la nuit ou par le brouillard on se trompe de marche et si l'on n'évite pas la dernière, on va fatalement donner sur les contre-marches. C'est la perte du navire. On n'est pas encore parvenu à s'entendre pour établir un phare à cet endroit. Le gouvernement égyptien et la Porte, qui font valoir des droits de souveraineté sur la côte somali, prétendent que le phare devrait être gardé par un bataillon d'infanterie appuyé d'une bonne batterie d'artillerie. La dépense serait un peu lourde, ce qui fait que cette intéressante question n'a pas encore reçu de solution.

Jamais dans le cerveau des poètes grecs la conception des rives du Styx n'aura pu dépasser les réalités mornes que nous contemplons.

Quoi qu'il en soit, je suis littéralement fasciné par ce spectacle, si bien fasciné que le docteur qui vient à passer me conseille de baisser le rideau de la tente un instant soulevé. Il est trop tard ; j'ai pincé une *congestion par les yeux* ; je la sens déjà, ce sera complet après la sieste. Il me semblera que je n'ai plus de cheveux, mais autant d'aiguilles qui me piquent le crâne.

Fièvre, délire intermittent, migraines violentes, goût absolument perdu, je boirai sans faire de différence de l'eau, du vin, du vinaigre, de l'eau-de-vie : – « Voilà votre lot pendant *quelque temps*, pronostique le docteur. La première fois cela n'a pas grande importance, mais la seconde on y reste », ajoute-t-il en matière de consolation.

J'absorbe tous les jours force quinine, sans aucun bénéfice ; je deviens indifférent à tout, même à la danse formidable qu'exécute le *Natal* depuis qu'il a quitté l'abri de *Socotora*. Ce n'est pas en vain que nous sommes entrés dans *l'Œuf*[30], par *mousson contraire*, qui plus est.

30. L'*Œuf* est la partie de l'océan Indien bornée par une ligne elliptique qui épouse, à une certaine distance des côtes, les contours du golfe d'Oman. C'est le vide-bouteilles des typhons, cyclones et autres aménités du même genre dans ces parages. On y a toujours mauvais temps.

IV

Le 4 août au soir, – il y avait cinq jours que nous n'avions vu la terre, – le premier feu de l'île de Ceylan fut signalé. Il était à peine sept heures ; mais, sous la zone équatoriale, la nuit, d'une durée presque égale toute l'année à celle des jours, arrive subitement et devient très obscure en moins d'une heure.

Il faisait noir comme dans un four lors de notre entrée dans le port de Colombo. On sent immédiatement la différence avec Aden. Les Ceylanais ont d'autres distractions que les arrivées et les départs des paquebots. On ne prend pas la peine de brûler de la poudre pour annoncer les courriers. C'est à peine si l'on fait attention à votre présence. Cela nous est du reste fort égal. Nous avons seulement hâte de débarquer et d'aller passer une nuit à terre pour nous remettre des désagréables secousses que nous venons d'endurer.

Un petit vapeur, assez malpropre mais très

bougillon et très rapide, nous fait des offres de service (1/4 de roupie par tête).

« Surtout pas de bagage, nous crie-t-on, le port est fermé dès six heures, et la douane, – ineffable institution dont nous avions oublié l'existence –, ne vous laisserait pas entrer. »

Nous n'emportons que nos nécessaires de voyage, et nous dégringolons dans le vapeur, qui nous amène en trois minutes à un quai mal éclairé et très boueux. Il faut encore sortir à pied de l'enceinte douanière ; les préposés indigènes nous scrutent d'un œil fort déplaisant, et ce n'est pas sans peine qu'ils nous laissent franchir leurs grilles et grimper dans des fiacres primitifs, construits sans doute tout en fer-blanc, car on accroche ses vêtements à tous leurs angles.

Enfin, voilà le *Grand Oriental Hôtel* ! On salue avec joie cette maison confortable. Nous avons surtout soif de glace ; nous en demandons plein nos « tumblers ».

La salle à manger est très élevée, très large, élégante et suffisamment décorée. Le service est fait par des Cynghalais. Ils portent un jupon blanc long et étroit, une petite veste blanche et un peigne en fer à cheval placé en couronne sur la tête, l'ouverture face au front.

Ces serviteurs s'acquittent de leurs fonctions avec une lenteur et une pompe incomparables. Ils ont des gestes emphatiques pour vous apporter une carafe d'eau. On n'est pas plus ridiculement noble.

L'expression de leur physionomie est à observer ; c'est un mélange de moue dédaigneuse et de niaiserie native formant contraste de la façon la plus comique, d'autant plus comique qu'à chaque instant nos Cynghalais font les *yeux blancs* ; ils ont l'air de faire roucouler leurs orbites.

Le souper qui nous est servi paraît bien préparé ; je dis « paraît », car la perte totale des facultés dégustatives me coupe absolument l'appétit.

Pendant que mes compagnons de voyage se réconfortent solidement, muets comme des carpes et ne perdant pas un coup de dent, j'examine la *Wines List*. On peut constater avec plaisir, pour les négociants de Reims et environs, qu'à Colombo leurs liquides ne coûtent pas plus cher que les autres vins, ce qui ne veut nullement dire que les prix en soient modérés.

De la salle à manger je ne fais qu'un bond jusqu'à nos appartements et je me précipite avec volupté sur un lit dur comme une table, mais d'une dimension plus raisonnable que celle de nos couchettes de cabine.

Cette nuit passée à terre n'améliore nullement mon état fiévreux. On agite même la question de nous laisser à Colombo. Comme je ne tiens pas à rester indéfiniment dans ce port de mer, je fais contre fortune bon cœur, et, déclarant que je me porte à merveille, je demande un véhicule pour faire le tour de la ville.

Pendant que la voiture avance, un grand Indien nous met sous le nez un panier à couvercle, rond et plat comme une galette, puis commence à siffler. Alors, en moins de temps qu'il ne faut pour le dire, un énorme serpent à lunettes se dresse et gonfle ses ignobles bajoues[31]. À la façon dont je comprends cette plaisanterie et dont je fais tourner ma canne, le propriétaire de l'animal s'enfuit sans demander son reste.

L'aspect général de Colombo est plutôt gai ; il y a aux environs de jolies promenades ; on peut aller à Mount Lavinia par d'excellentes routes bordées d'arbres de toutes essences.

Mount Lavinia possède un bon hôtel situé sur un promontoire et très exposé au vent de mer. À certaines époques, notamment au mois d'avril, on peut y avoir presque froid.

Lavinia, les bois de cocotiers et la grande plage, à parterres gazonnés, qui s'étend de *Galle Face Hôtel* à Colombo même, vous rappellent tout à la fois Biarritz et Arcachon. Remplacez les pins d'Arcachon par les cocotiers, saupoudrez-les de quelques singes aussi voleurs que microscopiques, et vous n'aurez

31. La police de Colombo a depuis lors interdit ces exhibitions absurdes.

pas besoin d'aller à Ceylan pour en admirer la nature.

À l'intérieur, – à l'intérieur de la ville et des terres, – cela doit être fort beau quand il pleut ou quand il a plu, car tous les palmiers, bananiers, etc., sont probablement d'un beau vert foncé qui donnera du ton au paysage. Malheureusement je n'ai jamais été à Ceylan pendant la saison des pluies, je ne puis parler de ses beautés végétales que par imagination. Ordinairement les larges feuilles, les grandes palmes, sont couvertes d'une poussière fine et grise qui leur enlève toute espèce de charme et leur ôte tout caractère ornemental.

Cette poussière grise est une énigme, car à Colombo et aux environs la terre est rouge, rouge si vif que, lorsqu'on arrose, les éclaboussures rejaillissant le long des murs blancs semblent des giclées sanglantes, traces de meurtres ou d'écrabouillements. Au premier moment, c'est même très désagréable à l'œil.

Notre cocher nous fait faire une promenade fantaisiste ; il nous montre la poste[32],

32. Les indigènes des colonies ou des protectorats anglais paraissent généralement très fiers de leur Post-Office. On pourrait s'expliquer la chose par les seules qualités décoratives du monument qui abrite cet utile service. Il y a une autre raison. Les colonies anglaises font leurs expéditions postales elles-mêmes, taxent au départ les lettres comme bon leur semble, et en retirent un assez joli bénéfice qui leur reste entièrement acquis. Les populations aborigènes le savent parfaitement et témoignent d'une grande vénération

les clubs, les gares de chemins de fer ; l'une d'elles est située sur les bords d'un marécage, réminiscence étonnante du lac d'Enghien.

C'est de cette gare que part le train qui mène à Candy, au centre de l'île. L'excursion vaut la peine d'être faite ; elle demande au moins une journée, – environ quatre heures pour arriver à destination. La voie monte constamment, accolée aux flancs abrupts de hautes parois montagneuses.

On rencontre à Candy d'excellents hôtels, – genre suisse ; leurs photographies-réclames et leurs prospectus illustrés se trouvent dans les gares de Ceylan et dans les principaux hôtels des escales Marseille-Chang-Haï.

Nous terminons notre course dans la ville en passant par le bois des Canneliers[33] et en allant jeter un coup d'œil à un temple dont la façade grouille de statuettes médiocrement sculptées. Autant d'incarnations de Bouddha. On nous montre la 374e, c'est S. M. la Reine Victoria, paraît-il. Je ne demande pas mieux.

Nous regagnons l'hôtel, persécutés par un individu en chemise avec un pain à cacheter rouge au milieu du front. C'est un industriel qui veut nous vendre des cotonnades et

---

pour une source de richesses dont elles profitent, et qui est surtout alimentée par les correspondances commerciales avec l'Europe.

33. L'odeur est très forte, me dit-on, mais je n'en sens rien, ayant l'olfact comme le goût absolument détraqué.

des ivoires sur piédestaux en gencive d'éléphant[34].

Sous la vérandah de l'hôtel fourmillent d'autres marchands, quelques-uns ornés au front du même signe rouge précédemment observé. (C'est un symbole religieux de je ne sais plus quelle secte.)

Beaucoup de négociants en pierreries et perles. – Inutile de dire qu'en fait de pierres fines ils ne vous offrent que des horreurs. Les belles pièces sont achetées d'avance par les courtiers et les commissionnaires habituels des grandes maisons de Londres[35].

Les amateurs de pierres de fantaisie : œil-de-chat, pierre de lune, etc., pourront, par contre, satisfaire leur goût à bon marché. Nous achetons à un bonhomme qui nous poursuit avec acharnement, et seulement pour nous débarrasser de sa personne, six petits saphirs montés en bague, – la monture est *toujours en chrysocale* ; – le marchand nous en demande cinq louis, nous lui

34. Les dents de l'animal sont soudées ensemble ; l'aspect de cette matière est celui de l'onyx.

35. L'Inde fournit les plus beaux diamants, la Birmanie les plus beaux rubis. Se méfier des rubis spinelles, que les mercantis de Ceylan veulent vendre comme de bons rubis *sang de pigeon*. La seule pierre que l'on peut acheter, mais seulement dans une maison de confiance ayant pignon sur rue (il y en a plusieurs sous les arcades du *Grand Oriental Hôtel*), c'est le saphir. On le paye environ 40 p. 100 moins cher qu'en Europe (prix du commerce).

en donnons un. Il accepte en saluant jusqu'à terre.

La note de l'hôtel est modérée. Nous nous sommes promenés toute la matinée pour 2 roupies. L'appartement nous revient à 3 ½, le souper à 3, le thé à 1, le service à 1 – soit un total de 10 roupies 1/2. Soit 5 roupies 1/4 par tête, soit environ 10 francs 50. Il est vrai que la note des vins est à part ; mais, en somme, ce n'est pas plus cher qu'en Europe.

Nous retrouvons notre petit vapeur de la veille ; pour le même prix il nous ramène au *Natal.* Nous sommes entourés de barques très étroites qui ont un système de dérive primitif, une poutre parallèle attachée à environ un mètre par un appareil d'arceaux de forme particulière. Le tout rend l'embarcation insubmersible.

Beaucoup de blanchisseurs rapportent du linge que les âmes dénuées d'expérience ont eu la témérité de leur confier[36].

Des moricauds analogues à ceux d'Aden

36. La méthode de blanchissage des Ceylanais mérite d'être signalée à l'admiration de la postérité : 1° Trempez une pièce de linge dans l'eau ; 2° Repassez-la ; 3° Prenez avec un pinceau un peu de dilution de poudre de riz, et badigeonnez consciencieusement les places noires ou sales ; 4° Laissez sécher ou rapportez humide, *ad libitum.* Ça tient à la fois de la gouache et de la peinture à la colle. Rien n'est cocasse comme d'entendre ensuite les réflexions des gens qui « ont donné dans le panneau des blanchisseurs de Colombo ». (Je ne garantis ni la rime ni la métrique de cette chanson de bord.)

quémandent encore des pièces d'argent qu'en plongeant ils rattraperont dans leur bec avant qu'elles n'aient touché le fond.

La manière de procéder est la même, le costume est aussi primitif, seul le *libretto* musical varie.

Au lieu de crier : *A la mer*, comme leurs collègues d'Aden, les plongeurs de Colombo observent d'abord un long silence en dardant sur vous des yeux apitoyants. Puis, tout d'un coup, le plus grand, *le chef d'orchestre*, se met à hurler : *A oua oua, – A oua-oua* ; le second : *A oua oua, – A oua-oua*. Le troisième : *A oua oua, – A oua-oua*. Chacun d'un temps en retard sur son prédécesseur ; mélodie invariable : l'air des *Lampions*.

On n'a pas idée du charivari que font ces gaillards-là quand il y en a seulement une trentaine autour du paquebot[37].

En remontant à bord nous remarquons sur plusieurs visages les traces d'une visible émotion.

Le *Saghalien*, un des frères du *Natal*, vient de lever l'ancre rentrant en Europe.

37. À ce propos, encore un petit conseil. Comme lesdits plongeurs et autres canotiers, mariniers, etc., que l'on trouve dans toutes les escales, sont agiles comme des singes et se font un jeu de grimper sur le pont en se servant des amarres, on fera prudemment de faire visser son sabord et fermer la porte de sa cabine par les soins du maître d'hôtel, à chaque arrivée dans un port.

Son commandant, qui a le général Chanoine[38] à bord, s'est avisé, pour faire pièce au nôtre, d'arborer au grand mât la grande enseigne, qui est au pavillon que nous portons au même mât, plus ou moins régulièrement d'ailleurs, ce qu'un drap de lit est à un mouchoir de poche[39]. *Inde iræ.*

38. Le général Chanoine, nommé attaché militaire français en Chine après la cessation de l'*état* dit *de représailles.*

39. Il n'y a pas lieu d'insister sur cet incident, ni sur d'autres, de nature plus pénible encore qui se sont produits, pendant notre séjour en Chine. D'aucuns peuvent trouver plaisant de « clabauder entre compatriotes hors des frontières, et, suivant une expression *diplomatique*, qui appartient désormais à l'histoire, « de patauger dans la mayonnaise ». Pour ma part, je n'ai jamais exactement saisi, pas plus en Chine qu'ailleurs, l'intérêt que nous pouvions avoir à nous faire, à l'Extérieur, la réputation d'une bande de pitres. J'estime que lorsque des erreurs, appréciables ou approximatives, peu importe, sont commises à l'étranger par un Français, il est superflu qu'un autre Français s'en fasse l'indicateur tintamarresque. Dans notre patrie cela répugne à notre tempérament, pourquoi cela lui conviendrait-il au dehors ?

V

Dans le sens où nous l'accomplissions, la traversée de la mer du Bengale est généralement moins pénible que celle du golfe d'Oman. On s'éloigne des côtes d'Afrique, gigantesque espalier qui réverbère la chaleur à d'énormes distances, et l'on s'approche toujours davantage de l'océan Pacifique, dont la masse d'eau touche aux deux pôles et conserve, grâce aux courants qui s'établissent, une température plus raisonnable que celle de l'océan Indien. L'impression de chaleur étant toute de comparaison, on en arrive, en pénétrant par le nord dans le détroit de Malacca, à éprouver une sensation réelle de fraîcheur.

L'on peut, si l'on veut, faire commencer ce détroit à la pointe nord de Sumatra, bien que la distance qui sépare cette île de la côte d'Asie soit à cet endroit encore fort respectable, – la largeur moyenne de l'Adriatique. – Pourtant si, géographiquement, l'on ne s'aperçoit guère d'être dans le détroit, on le sent fort bien au point de vue maritime et météorologique : au point de vue maritime parce que les lames y sont ordinairement très douces ; au point de vue météorologique parce qu'il y tombe des ondées qui, à bon droit, ont fait surnommer cette zone, la zone diluvienne. Quand on n'a pas vu pleuvoir dans le détroit de Malacca, on ne sait pas ce que le ciel peut envoyer d'eau sur la terre. Pour se distraire, on s'amuse à remplir des *carafes* en quelques minutes rien qu'en les laissant sur le pont (absolument authentique). Le plus souvent ces pluies d'orage sont accompagnées d'éclairs et de coups de tonnerre formidables. On voit la foudre tomber tout autour du paquebot avec une fréquence qui ne laisserait pas que de vous impressionner si l'on ne savait le navire complètement protégé par sa marche rapide. Le courant d'air déplacé est tel qu'il est le meilleur paratonnerre au milieu de cette grêle de décharges électriques. Nous eûmes la chance assez commune d'assister à plusieurs de ces orages. C'est véritablement un fort beau spectacle.

Le 8 août dans la matinée, de fort bonne heure, le *Natal* s'engagea dans la ligne de brisants qui barre le détroit de Malacca près de l'extrémité septentrionale de Sumatra.

Il y a là une quantité de récifs, d'écueils à peine perceptibles que les commandants des Malles préfèrent passer de jour, car la bonne route est fort étroite, et il faut avoir l'œil à la barre. Fort heureusement, la mer se précipite sur les rochers des passes avec une telle furie qu'elle les rend visibles de fort loin, le jour par des panaches d'eau qui semblent des jets de vapeur de plus de vingt mètres de haut, la nuit par des gerbes phosphorescentes, sortes de fusées nébuleuses, qui se distinguent assez nettement[40].

Les récifs triomphalement passés, nous longeons la côte de Sumatra. Côte sauvage, mais côte riante, côte bénie si on la compare à la côte somali. Il est vrai qu'à en croire certains de nos compagnons de voyage les forêts vierges que nous admirons abritent des tribus d'indigènes friands au besoin de chair humaine, que le tigre y pullule ainsi qu'un petit serpent noirâtre dénommé *serpent-minute*, parce que sa morsure est immédiatement mortelle. Mais au moins, derrière cette végétation luxuriante,

40. Les phosphorescences marines sont visibles dans toutes les mers, – sous toutes les latitudes, mais pas uniformément. On pourra prétendre que ce phénomène n'est dû qu'à la présence de certains animalcules, sorte de vers luisants aquatiques. C'est une erreur. La cause première est une cause d'agitation électrique plus ou moins forte, suivant le degré de saturation magnétique de l'atmosphère. Il m'est impossible de relater ici toutes les observations qui ont servi à me faire une opinion sur la matière, mais on peut être sûr que le temps n'est pas loin où la théorie des spores *autophotes* aura été rejoindre la théorie du phlogistique.

derrière ces lianes, on sent la vie, la lutte, le mouvement.

Dans une anse étroite nous voyons même, ancré tranquillement, un petit aviso hollandais ; à côté se trouve un fortin entouré de solides palissades. Au haut du mât de pavillon flotte le drapeau bleu, blanc, rouge, en bandes transversales, c'est juste ; ce sont pourtant nos trois couleurs.

Le drapeau salue quand nous passons, et du *Natal* l'on répond à ce salut d'une poignée d'Européens perdus dans ce milieu pittoresque et féroce.

Grâce à une bonne jumelle je distingue des formes humaines qui ont l'air de s'ébattre au bord de la mer. N'ayant jamais vu d'anthropophages en liberté, je m'empresse d'attirer l'attention sur ce spectacle inédit. On m'accuse d'avoir la berlue.

« Des hommes, ça, jamais ! des singes, oui. » Des singes, toujours des singes. Sont-ce bien des singes que ces êtres assis sur le rivage en rang d'oignons, et regardant leurs compagnons s'élancer à la lame, plonger, sortir, courir et folâtrer ? Involontairement, je pense à Trouville.

Le 9 août, vers cinq heures, nous sommes à un passage du détroit assez resserré pour voir distinctement les deux côtes. Au milieu, en pleine mer, se trouve un phare très peu élevé et supporté seulement par quatre colonnes en fonte, quatre pilotis plus ou moins entretoisés.

La mer est à cet endroit très peu profonde, et si calme qu'elle rappelle les lagunes de Venise par un beau soir d'été. Les gardiens du phare, car il y a des hommes, et des hommes de devoir, des hommes sûrs, qui habitent cette île de neuf mètres carrés, allument leurs grosses lampes au moment où nous passons. Quelle existence ! Ils n'y restent *que* deux mois de suite, me dit-on. Et dire qu'il y a des gens qui volent et martyrisent leurs concitoyens pour la modeste somme de quinze jours de prison, – encore quand ils les ont.

Le 10 au matin, hurrah ! pour Singapore ou Singapour, comme vous voudrez. Pourquoi cet enthousiasme ? dira-t-on. Pourquoi ? D'abord parce que l'entrée ravissante du Nouveau port nous prédispose favorablement, ensuite parce que la ville nous paraît plus aimable d'aspect que nos précédentes escales, et qu'enfin elle rappelle l'Europe.

Singapore est semée de collines verdoyantes, et jouit d'une atmosphère limpide, chose rare sous les tropiques ; enfin elle est salubre, tellement salubre qu'elle a été baptisée le « paradis des enfants », les maladies infantiles y étant pour ainsi dire inconnues.

Un temps viendra où Singapore remplacera les villes du littoral méditerranéen, Madère et l'Algérie pour les personnes délicates qui ont besoin de cures d'hiver. Ce moment-là n'est peut-être pas éloigné, car déjà, pour l'Extrême-Orient, le « paradis des enfants » joue le rôle de sanitarium.

Ce qui pourra y retarder la mise à la mode d'une saison hivernale, ce sont les visites encore un peu trop fréquentes que font les « compères tigres », comme disent les Chinois, dans les environs de la ville, ainsi que les incursions trop nombreuses de cobras, pythons, hamadryades et autres reptiles de même acabit. L'alligator a également une prédilection marquée pour la banlieue. Mais avec un peu de bonne volonté on parvient à se garer de ces voisins désagréables. Il n'est pas possible d'éviter aussi facilement les moustiques, les sangliers et les singes, ces sempiternels singes qui foisonnent et empoisonnent.

L'habitant de Clamart paraît les apprécier beaucoup. À Colombo, il en a acheté un tout petit, bien qu'adulte. Le vendeur lui a remis l'animal cramponné à un bâton, et, depuis six jours, le quadrumane y est resté accroché, le serrant avec une frénésie étonnante. Ni la douceur, ni les menaces, ni la force, n'ont eu raison de son obstination. On l'a baptisé *Jumbo*.

À Singapore, à peine le *Natal* est-il amarré qu'un autre marchand de singes grimpe à bord et nous propose d'acheter ses pensionnaires. Ils sont cinq ou six, les uns enchaînés, les autres cramponnés, – toujours, – à des espèces de perchoirs verticaux. Le propriétaire de Jumbo est séduit par la physionomie « essentiellement rusée », dit-il, d'un petit orang, très maigre, qui étreint convulsivement une longue trique.

« Combien cette bête ? demande-t-il.

— Six piastres[41].

— Jamais, en voici trois.

— C'est pour rien. Enfin j'accepte, seulement faites attention. Surveillez-la bien, elle pourrait s'échapper[42].

— Oh ! n'ayez crainte. J'ouvrirai l'œil. »

Le singe s'assied sans lâcher son bâton, pendant que le marchand s'esquive d'un pied et d'un cœur également légers ; mais à peine a-t-il tourné les talons que l'orang lance son perchoir par-dessus bord, s'échappe d'un bond, court sur la tente, puis dans la mâture, et va s'accroupir au bout d'une vergue.

« Arrêtez-le ! arrêtez-le ! »

L'équipage s'ameute.

« Qui ça ? Arrêtez qui ?

41. À Singapore la monnaie est la même que dans tous les ports de Chine : c'est le dollar ou piastre mexicaine, à cours terriblement variable, non seulement de place à place, mais sur la même place, en moins de deux heures de temps. On observe par exemple des variations de 3 fr. 60 à 4 fr. 80 en moins d'un mois. Il sera reparlé plus loin de la question monétaire en Extrême-Orient. C'est un sujet qui peut prêter à des méditations bizarres.

42. La plupart des colporteurs, petits marchands, cochers de fiacres, des escales ordinaires des Messageries Maritimes, parlent français assez clairement, par la force de l'habitude.

— Lui, mon singe, le voyez-vous là-haut au bout de la vergue ? Il ose me narguer encore. »

Un mousse de bonne volonté s'élance dans les cordages ; le singe est acculé comme dans une impasse. Encore un instant, le fugitif va être ressaisi.

Mais il retourne alors sa petite tête, adresse un dernier sourire sardonique à son maître éploré, et, au moment où la main du mousse va s'abattre sur son épaule, pique une tête dans la mer, à l'ébahissement général.

Il disparaît un moment, puis reparaît tirant sa coupe vers Blakan-Mati, dont il atteint bientôt la rive[43] et les épais fourrés.

« Eh bien ! n'avais-je pas raison, dit gaiement le propriétaire frustré, n'avais-je pas dit qu'il était plein d'astuce ?

— Vous n'avez pas perdu grand-chose, riposte un des officiers du bord, votre singe n'aurait pas tardé à décéder. C'est le sort prématuré que réserve la nostalgie à la plupart de ces animaux : ils en meurent, elle les rend phtisiques[44]. »

Pendant cette scène, l'avant du navire s'était couvert de Chinois, passagers de pont, qui venaient retenir leurs emplacements. Ils

43. À la hauteur des docks des Messageries, c'est à peine si le bras de mer qui sépare l'île de Singapore de l'île de Blakan atteint une largeur de 500 mètres.

44. *Jumbo* en mourut effectivement quelques jours après.

arrivent avec des nattes, quatre ou cinq bambous et un menu bagage. Ils installent de petites paillotes sous lesquelles ils s'abriteront, tant bien que mal, avec leur famille pendant la traversée, qui durera, pour quelques-uns seulement, jusqu'à Saïgon, pour les autres jusqu'à Hong-Kong. Des femmes annamites défilent, au type assez régulier, mais aux dents noircies, à la bouche ensanglantée par la boulette de chaux éteinte qu'elles mastiquent sans cesse, entourée d'une feuille de *bétel*.

Nous descendons à terre, où nous sommes attendus par plusieurs de nos amis et parents qui sont fixés dans les *Straits settlements*[45].

Notre cousin, M. J.-B. Müller, nous offre gracieusement l'hospitalité, et nous montons dans sa voiture, sorte de berline dont toutes les parois sont en lames de persiennes. Les domestiques portent la livrée indienne, tunique croisée aux couleurs du propriétaire, ceinture et turban de même. Quant aux chevaux fins, rapides, mais d'assez petite taille, ils sont attelés de harnais américains d'une excessive légèreté.

Les Messageries Maritimes et la Compagnie de navigation de l'Indo-Chine (Jardine, Matheson et C°) ont leurs quais d'embarquement aux

45. Établissements anglais du détroit de Malacca ; les principaux sont Singapore, la province de Malacca, l'île de Penang, la province de Wellesley et les Dindings.

Tanjong Pagar Docks. C'est à l'ouest, et assez loin de la ville même, d'un tout autre côté que le quartier où se trouvent réunies les villas les plus élégantes des résidents européens.

C'est dans ce quartier, situé au nord de la ville, que nous nous rendons : nous avons donc à traverser tout Singapore. Pour y pénétrer nous suivons une route desservie par un tramway à vapeur ; elle longe les quais fort bien bâtis et bordés par les bureaux et les magasins des principales maisons de commerce. À part quelques inscriptions en caractères arabes[46], les costumes de la population et les policemen de couleur coiffés d'une toque qui ressemble à un calot de cavalerie, rien ne laisserait croire que nous sommes dans une ville qui compte déjà parmi celles de l'Extrême-Orient. En 1887, la population européenne totale de l'Extrême-Orient comprenait environ 12 000 têtes, sans compter les troupes ni les équipages, non plus que la population flottante. Il y a aux Philippines, à Hong-Kong, à Macao, à Singapore, beaucoup de métis. On les appelle *Makaïstes* ou *Eurasiens*. Ils sont presque tous des descendants de Portugais et de Chinoises, d'Espagnols et de Malaises. Au point de vue physique, c'est un croisement qui n'est guère heureux, car les représentants de la race qui en dérive sont généralement laids,

46. Ils servent également pour l'écriture malaise.

petits, jaunâtres. À d'autres points de vue, le résultat est meilleur : beaucoup d'Eurasiens sont intelligents, actifs, laborieux. Quelques-uns ont acquis des situations commerciales et financières considérables. Ils ont les habitudes, le costume et les mœurs des Européens ; mais ces derniers les tiennent cependant toujours à l'écart, conformément au préjugé qui fait partout des « *half-cast* » une sorte de parias.

Les monuments publics de Singapore, les églises, les clubs, les hôtels des administrations publiques, n'ont aucun caractère spécial. Ce sont des constructions modernes comme on en voit dans toutes les villes d'une certaine importance en Europe.

Les routes, macadamisées, sont parfaitement entretenues, et toujours très propres grâce au service de la voirie qui est bien fait, grâce aussi aux pluies quotidiennes, qui durent deux ou trois heures et qui rendent l'arrosage municipal inutile en lavant et en humectant à fond toutes les voies publiques.

Les clubs sont confortablement installés. Nous entrons dans l'un d'eux, le principal, situé dans le palais même de la Bourse, à côté de la Poste Centrale. Comme dans tous les clubs bien compris il y a un bon service de table et de plus un excellent *Luncheon Bar*, où des sommeliers chinois vous brassent dans la perfection l'une quelconque des 185 boissons dues au génie inventif des Américains. Voilà sur une liste la série des cocktails, cobblers, juleps, squashes, toute la lyre !

Singapore possède de nombreux hôtels ; citons parmi les meilleurs *l'Hôtel de l'Europe, l'Hôtel Emmerson et l'Hôtel de la Paix*, dans la ville même.

Nous continuons notre chemin par des rues flanquées de constructions solides et très denses, par des routes plantées d'arbres de toute espèce, sur des bas-côtés en gazon fin soigneusement tondu. Les habitations s'espacent ; la région des villas commence. Elles sont toutes entourées de grands jardins remplis de plantes tropicales de la plus belle venue. Nous remarquons surtout un genre de palmier qui pousse en forme d'éventail.

Arrivés chez notre hôte nous comprenons, à la dimension des vérandahs ouvertes, que l'existence se passe plus à l'air qu'à l'intérieur. Il y a pourtant des fenêtres et des portes vitrées, mais on ne doit pas les fermer souvent. D'ailleurs toutes les facilités de la vie moderne, gaz, téléphone, etc. L'humidité par exemple règne en maîtresse. Sur une table à thé nous voyons le sucre, le sel, les gâteaux en flacons hermétiquement fermés. Dans la salle à manger les pankahs s'agitent ; la différence de température qu'ils provoquent est assez grande pour refroidir rapidement les mets. On est même obligé, pour obvier à cet inconvénient, de se servir d'épaisses assiettes en porcelaine creuse qui sont autant de réchauds à eau chaude.

La cuisine est entièrement européenne, mais je continue à regretter de ne pouvoir l'apprécier. Je suis même si mauvais convive que l'on insiste pour faire venir un médecin.

On le mande par téléphone, et, peu d'instants après, le Dr Kœhn arrive, me dévisage et dit : « Votre guérison totale demandera du temps, mais je vais en quelques heures supprimer toute douleur et vous rendre le goût[47]. »

Le docteur avait tiré d'un sac une sorte de casque en caoutchouc ; il le fait emplir de glace et m'en coiffe le chef.

« Vous allez vous endormir. Au bout de deux heures, vos maux de tête auront disparu. Quant au reste, je vous donnerai une potion dont vous prendrez une cuillerée chaque jour pendant un mois. »

Je regrette de n'en pas connaître la formule pour la recommander. Mais, en même temps que j'exprime ici toute ma reconnaissance au Dr Kœhn, je proclame l'efficacité du traitement qu'il me fit subir.

Après un somme de deux heures, il me parut que je renaissais à la vie ; jusqu'à l'air

47. Je ne m'étends un peu longuement sur ce sujet que pour conseiller aux personnes qui pourraient se trouver dans le même cas, d'ajouter peu de foi au dire des gens qui prétendent que les doses de quinine constituent une panacée universelle.

que je respirais semblait avoir une saveur délicieuse[48].

Dès que la pluie, qui était tombée, suivant l'usage, avec abondance, eut cessé, je pus sortir à pied, et me rendre au consulat de Chine. Le consul d'alors était M. Tso-Ping-Long, que j'avais connu à Londres et à Paris lorsqu'il était attaché à la mission du marquis Tseng. Je ne me doutais pas qu'en lui faisant visite l'après-midi, je contrevenais aux *rites*. Mon ami, que je trouvai un peu plus solennel et plus compassé qu'au temps de nos petits dîners chez Durand, se chargea de me le faire comprendre le lendemain en venant me voir à *six heures du matin*[49].

48. De plus, au bout d'un mois les symptômes d'anémie disparurent *presque* entièrement.

49. Singapore est un des rares postes consulaires chinois qui existent. Je ne crois pas qu'il soit des plus faciles à occuper, car les nationaux du Céleste-Empire sont si nombreux dans les *Straits Settlements* qu'il est impossible de les y considérer comme quantité négligeable. À Singapore, comme à Saïgon et à Bangkok, il serait curieux d'étudier le *modus vivendi* des Célestes. C'est surtout dans ces trois villes et dans les régions qui en dépendent que se fait sentir l'influence des sociétés dénommées Congrégations. L'étude de ces sociétés, que l'on a comparées à tort aux loges maçonniques, mériterait une monographie spéciale qui intéresserait certainement nos économistes européens. Elle serait malheureusement trop longue pour être entreprise à cette place, et, malgré tout mon désir d'analyser des documents inédits ou mal connus, je suis obligé de les indiquer seulement, sous peine de donner à cette brochure un caractère

En sortant du consulat de Chine, je fus dans la ville européenne acheter des ivoires japonais chez John Little et C°, le plus grand *store* de Singapore, le *Bon Marché* de l'endroit ; je pris également quelques photographies chez un monsieur dont le nom m'échappe, mais dont la loquacité m'a laissé un souvenir ineffaçable. Je dus subir une longue lamentation sur la difficulté de conserver les préparations et les produits photographiques sous l'équateur. Toute cette phraséologie, sans doute, pour m'amener à payer sans réclamer d'assez médiocres épreuves une piastre pièce.

En rentrant à la villa Müller, je trouve des voitures prêtes à nous emmener au Parc, jardin public admirablement soigné qui entoure le Palais du Gouverneur.

Il est quatre heures et demie ; une buée tiède s'est levée qui se condense sur les larges feuilles des bananiers. Les arbres gouttent comme après un orage, et le sable lavé du macadam grince sous les pieds des chevaux et les roues des voitures. On ne se promène généralement pas dans le Parc à cette heure de la journée : les allées, les routes, sont désertes.

---

ridiculement volumineux. [...] La conclusion de cette étude serait qu'en matière commerciale nous sommes des enfants auprès des Chinois, et les Israélites des naïfs, conformément d'ailleurs au dicton : « Où un chrétien a tondu, un juif trouve encore à glaner ; où un juif a glané, un Chinois trouve encore à tondre. »

À six heures nous revenons *at home* ; le jour baisse rapidement et les réverbères de la grille sont allumés quand nous la franchissons. Une heure après, le dîner nous réunit ; j'éprouve une joie d'enfant à sentir de nouveau le parfum des mets ; je me réserve surtout pour les fruits, les mangues, les mangoustans, les ananas[50], et les *li-tché* frais dont sont chargés les compotiers.

La vérité m'oblige à dire que, sauf les *li-tché*, fruit plus spécialement asiatique, que l'on peut maintenant manger sec à Paris, – la saveur rappelle celle des prunes de Brignoles –, tous les autres fruits sont moins délicats que ceux de même espèce qui viennent en Amérique, – en Floride ou aux Antilles. Les ananas d'Asie sont plus ligneux, moins sucrés, les mangues plus coriaces. Nous aurions pu goûter encore à Singapore le *kaki* du Japon, grosse tomate orange assez fade que nous avons acclimatée même dans le sud de la France, et des *jacks*, que l'on appelle, je crois, des avocats à la Martinique. Mais ces fruits ne sont pas très estimés, le dernier surtout, car il exhale une odeur repoussante.

Au nombre des convives se trouvent le baron

50. Il y a à Singapore une célèbre fabrique de conserves d'ananas qui appartient à un Français (*mirabile visu*), M. Bastiani ; cet établissement était alors en pleine prospérité.

G* un Autrichien qui revient de la frontière du Tibet, puis un fonctionnaire[51] chinois parlant couramment l'anglais, et invité en notre honneur.

La conversation porte naturellement sur la Chine, et les choses qui s'y rapportent.

Ne donnant pas le nom des interlocuteurs, il ne saurait être indiscret de la reproduire, et l'échange de vues cosmopolites auquel elle donna lieu en excusera la relation partielle.

LE BARON G* (m'adressant la parole). – Est-il exact que dans la carrière en France les membres du corps de l'interprétariat soient toujours moins cotés que leurs collègues du corps diplomatique ou consulaire ?

MOI. – Je suis obligé de vous répondre affirmativement, tout en vous faisant remarquer que cet état de choses n'est pas particulier à la France.

LE BARON G* – Chez nous, il n'en est pas ainsi. Certes, la hiérarchie existe, très respectée, mais la carrière des interprètes n'est nullement dépréciée par les carrières sœurs. Vous n'ignorez pas que Haymerlé, vous savez, le baron Haymerlé, l'ancien président du conseil,

51. J'éviterai de me servir du terme *mandarin*. Ce vocable portugais, qui peut s'appliquer aussi bien à un chef de bureau de la République Argentine qu'à un sous-préfet chinois, n'a aucune raison d'être dans notre langue, puisqu'il fait double emploi avec le mot fonctionnaire.

était un ancien élève de notre École des langues orientales à Vienne[52].

MOI. – Je le savais. Mais, si notre carrière française n'a pas encore eu ce même honneur, nous comptons cependant plusieurs ministres plénipotentiaires qui sont sortis de nos rangs.

LE BARON G* – Croyez-vous que la défaveur en laquelle est tenu l'interprétariat réagisse sur les vocations de carrière ?

MOI. – En aucune façon pour ceux qui ont vraiment la vocation et qui croient que ce ne sont ni les titres, ni les préséances, ni les honneurs, qui font l'homme ; mais, comme ceux-là sont l'exception, cette défaveur est évidemment préjudiciable au recrutement des interprètes, sinon quant à la qualité, du moins quant au nombre.

LE BARON G* – Pensez-vous qu'on puisse modifier les préjugés de l'opinion à cet égard ? Connaîtriez-vous un moyen ?

MOI. – Parfaitement, et un moyen très simple encore. Assimiler les élèves interprètes aux attachés, les interprètes de 3e, 2e, 1re classe aux secrétaires de même classe, leur donner le titre d'attaché-interprète, de secrétaire-interprète ;

52. Il y a en Europe des cours officiels de langue chinoise dans les villes suivantes : en Allemagne à Berlin et à Leipzig, en Angleterre à Londres et à Oxford, en France à Paris (deux chaires : *Collège de France*, École des langues orientales), en Hollande à Leyde, en Russie à Pétersbourg. L'École de Vienne ne comprend que des cours de langues musulmanes.

il n'y aurait aucun inconvénient, car l'assimilation cesserait le jour où l'agent-interprète demanderait son passage dans le cadre européen. Au surplus, les tendances actuelles des bureaux du Ministère sont favorables au relèvement moral de la situation des interprètes, et il est très probable que dans un avenir prochain l'assimilation complète existera en fait, sinon nominalement[53].

LE BARON G* – Ainsi vous pensez qu'en conservant ces tendances votre Ministère est bien inspiré ?

MOI. – Très bien inspiré car, d'une part, nos interprètes ont, presque tous, les grades universitaires, les connaissances spéciales exigées pour le concours d'admission dans la carrière diplomatique ; de plus, ils possèdent à fond les langues pour lesquelles ils sont diplômés, et généralement par surcroît deux ou trois langues étrangères européennes d'autre part, rien n'est plus pénible pour un chef que d'avoir à recourir publiquement aux lumières d'un subalterne. Deux personnes conversant ensemble en une langue inconnue à un tiers ont toujours l'air de le mépriser ou de se moquer de lui, et, quoi qu'on fasse, cette impression ne peut jamais être complètement écartée.

53. Présentement, nos agents diplomatiques et consulaires en Chine sortent presque tous du corps de l'interprétariat.

LE BARON G* – Vos traitements sont-ils élevés ?

MOI. – Permettez-moi de ne pas traiter cette question.

LE BARON G* – Je n'insiste pas. Mais je sais que les élèves interprètes d'Allemagne touchent un peu plus de 6 000 marks à leurs débuts à première vue cela paraît beaucoup l'expérience montre que c'est un minimum. On ne doit pas oublier que ce n'est pas seulement en raison des dangers du climat ou des désagréments de l'éloignement que le traitement doit être élevé. En Chine, les agents diplomatiques vivent forcément au milieu du monde commercial. L'argent se gagne beaucoup et facilement autour d'eux ; on le dépense de même. Le premier devoir des gouvernements est de mettre leurs représentants à l'abri de comparaisons fâcheuses et à même de faire figure convenable ; sans quoi cela n'est pas la peine d'en avoir.

Le fonctionnaire chinois opinait du bonnet. Je ne desserrais plus les dents.

« Changement de discours, reprit alors le baron G* en s'adressant à notre ami le Céleste. Savez-vous, Excellence[54], quel a été pour moi l'un des principaux sujets d'admiration dans votre pays ? »

54. Le fonctionnaire présent n'avait pas droit au titre de *Ta-Jenn*, mais on le lui donnait par courtoisie.

Révérence de l'interpellé, qui se rengorge.

« Non ? Personne ne devinera ? Ce que j'ai le plus admiré, c'est l'organisation du service postal. J'ai reçu, aux confins extrêmes de la Chine jusqu'aux portes du Tibet, des lettres qui m'ont été remises dans des endroits où jamais facteur européen ne serait venu me chercher. Toutes ces lettres passaient par Pékin ; le Dr Arendt, le premier interprète de la légation d'Allemagne[55], les faisait remettre à l'administration des Courriers Impériaux. Là, ma correspondance était fixée à une planchette portant mon nom en chinois, et l'indication vague de la région où je devais me trouver. Chaque relais apposait son timbre sur les planchettes ; il y en a que j'ai conservées et sur lesquelles j'ai compté jusqu'à 150 timbres. Pas une lettre ne s'est égarée. »

Un sourire de béatitude satisfaite éclairait la face du fonctionnaire chinois.

« C'est très agréable de pouvoir recevoir des nouvelles dans ces pays quelque peu perdus, continua le baron G* car ce n'est pas précisément gai, votre frontière de ces côtés-là.

LE FONCTIONNAIRE CHINOIS – Ne dites pas frontière, dites limite territoriale : le Tibet est terre impériale.

55. Il n'y a pas de légation d'Autriche-Hongrie à Pékin : le titulaire *in partibus* réside au Japon. La légation d'Allemagne est chargée des intérêts des sujets austro-hongrois en Chine.

LE BARON G* – Effectivement, pour une frontière, les postes militaires seraient rares, l'on en rencontre bien peu dans ces parages.

LE FONCTIONNAIRE (se gardant de répondre directement). – Nous avons surtout des troupes aux environs de la capitale, et dans les provinces du Yunn-Nann et des deux Kouang. (Après une pause.) Vous êtes venu en Chine par Maï-Maï-Tcheng[56] ?

On dit que la Russie a beaucoup de soldats dans cette région.

LE BARON G* – Mais oui, pas mal.

Un convive. – En cas de guerre avec la Chine, combien d'hommes, pris sur place, la Russie pourrait-elle donc aligner ?

LE BARON G* – Trente mille environ.

Le même convive. – À votre avis, de quel côté seraient les plus grandes chances de succès ?

LE BARON G* – Dans une telle campagne, le rôle de la cavalerie serait prépondérant. L'armée russe dispose de la première cavalerie du monde, première, en force, en nombre, en entraînement, car hommes et chevaux sont dressés à se contenter de peu. Il est vrai que l'armement est médiocre ; en Sibérie nombre de corps ont encore des fusils à pierre. L'approvisionnement en munitions est insuffisant[57], et les voies de communication sont

56. Kiakta, frontière de Sibérie.
57. Ces appréciations ne sont plus exactes.

défectueuses. On peut soutenir à la fois que ce mauvais état des routes est un avantage et un péril. À notre époque, c'est plutôt un péril, du moins à mon avis.

Or, la Chine n'a pas de cavalerie, premier désavantage ; de plus, elle a eu le tort de s'être aliéné d'une manière ou d'une autre les peuplades limitrophes que la Russie a toujours su protéger, deuxième désavantage enfin, les troupes chinoises sont loin d'avoir une densité de déplacement et de mouvements égale à celle des troupes européennes. En marche, les unités sont tellement éparpillées qu'il est difficile de mettre en ligne plus du tiers des effectifs.

LE FONCTIONNAIRE CHINOIS – Nos troupes du Tché-Li sont pourtant bien équipées, bien armées, *nous avons même distribué à nos soldats des fusils Gras avant que les troupes françaises n'en fussent pourvues*.

LE BARON G* – Oui, tout cela est exact. Vous avez également une artillerie excellente, de bonnes pièces qui sortent de chez Krupp ; vos mulets d'attelage, que vous payez du reste de 300 à 400 taëls[58] pièce, sont des animaux supérieurs pour le trait à tout ce que je connais comme chevaux en Europe ; mais, pas plus que vos voisins, et encore moins qu'eux peut-être, vous n'avez de routes praticables, de moyens commodes de ravitailler une armée

58. Le taël vaut environ 7 francs.

tant soit peu nombreuse. Enfin, chose plus grave, vos troupes exercées manquent de solides réserves. »

On se levait de table, et, au milieu du brouhaha des chaises reculées et du froufrou des robes, j'entendis deux de mes voisins terminer un entretien animé sur ces mots :

« En Extrême-Orient l'influence de la France est toujours considérable, peut-être même la plus considérable. »

Mes deux voisins n'étaient Français ni l'un ni l'autre.

Le lendemain, 11 août, nous devions lever l'ancre à dix heures et demie du matin. À l'heure dite nous étions à bord, mais nous eûmes à attendre jusqu'à cinq heures l'arrivée du paquebot-annexe venant de Batavia.

Ce retard avait été causé par un fort coup de vent essuyé la veille au soir. Les passagers de l'annexe paraissaient encore fort émus ; cette émotion excusait le désordre et l'étrangeté de leurs toilettes.

Il y avait entre autres costumes réussis celui d'une épaisse jeune personne hollandaise, qui n'avait pour tout vêtement qu'une chemise et un sarrau. C'est ainsi qu'elle se présenta à nos regards, le visage abrité par un colossal chapeau fanchon. Sa mère l'accompagnait, et elle ne put trouver près du commissaire, qui risquait une observation sur cet accoutrement primitif, que cette excuse étonnante : « Il fait si chaud, Monsieur, et puis elle n'a que neuf ans. – Mademoiselle paraît bien son âge, car on lui en donnerait le double. »

On eut toutes les peines du monde à lui faire mettre un jupon. Peut-être espérait-elle sans robe ne payer que demi-place.

On larguait déjà les amarres, quand notre attention fut attirée par une musique dont l'accompagnement ne consistait qu'en coups de grosse caisse.

C'était une corvette anglaise qui sortait du port. À l'extrémité de l'avant deux fifres et un trombone faisaient leur partie soulignée à chaque instant de boum boum frénétiques. Moins riche qu'un orchestre forain ! Comment une nation qui se respecte peut-elle permettre l'exécution de cacophonies semblables à bord de ses navires de guerre ? c'est ce que je ne me charge pas d'expliquer.

Le plus piquant de l'affaire, c'est qu'un quart d'heure plus tard nous rattrapions la corvette. Elle tanguait horriblement. Plus de grosse caisse, mais à chaque sabord une tête de matelot qui rendait à la mer ce qu'elle avait pris à la terre. Morale : la musique adoucit les mœurs, mais non les cœurs.

VI

Le 12 et 13 août, nous avons l'avantage de traverser, sans grosse mer, le golfe de Siam, où devait se perdre quelques mois plus tard, corps et biens, le malheureux cuirassé japonais l'*Unebi-Kan*. La chaleur devenait beaucoup plus tolérable, et, lorsque le soir du 13, vers sept heures, nous aperçûmes le phare du cap Saint-Jacques, nous étions presque disposés à taxer d'exagération les géographes qui veulent que la Cochinchine soit un pays chaud[59].

À peine signalés par le sémaphore, qui occupe, avec les bureaux d'une compagnie anglaise de télégraphes, le sommet d'un piton boisé et souvent fréquenté par « Compère Tigre », nous voyons arriver à toute vapeur une petite chaloupe. Cette embarcation accoste. C'est le canot d'un haut fonctionnaire

59. Nous dûmes revenir de cette suave illusion dès la première journée passée à terre.

de Saïgon qui vient saluer le Député-Envoyé extraordinaire, et lui souhaite la bienvenue de la part du Gouverneur général, M. Filippini[60].

Le principal souvenir qui me reste de cette soirée est une violente discussion qui s'engagea au sujet des chiens de l'île de Phu-Quoc[61]. Il s'agissait de savoir si ces animaux n'ont pas *le poil à l'envers !* c'est-à-dire si leurs poils ne sont pas plantés dans la direction de la tête au lieu de l'être dans le sens de la queue. Cette importante question souleva des flots de bile, et provoqua des fureurs telles qu'il ne fallut rien moins qu'une toute-puissante intervention pour les calmer.

Le *Natal* venait de stopper complètement. Dans la nuit, au moment propice, c'est-à-dire à marée haute, nous devions repartir pour franchir la barre de la rivière et atteindre Saïgon.

Tout près de nous, descendant l'estuaire, passent deux petites canonnières avec des renforts destinés aux colonnes qui répriment une insurrection sur les frontières de l'Annam. À bord de l'une d'elles est un *phu* (sorte de préfet indigène) qui n'a pas le cœur tendre, à en juger par la réputation que lui ont valu les différentes répressions qu'il a été chargé de mener à bien. On l'appelle l'*Amateur de moulins*.

Le piton que domine le phare est séparé du

60. Mort en fonctions l'année suivante.
61. Île du golfe de Siam, vis-à-vis Mytho.

continent par une dépression de terrain dont les bords forment une anse dénommée la Baie des Cocotiers, – les bains de mer de Saïgon. Un petit hôtel s'y trouve établi qui est tenu par un des pilotes de la rivière, M. Arduzer. On a l'avantage dans cette villégiature d'entendre miauler les tigres toutes les nuits. Quand ces aimables animaux se contentent de ce passe-temps, il faut s'estimer heureux, car ils ne craignent nullement de vous faire une petite visite, – toujours intéressée naturellement. Aussi y a-t-il au Cap un poste de tirailleurs annamites dont la principale occupation est de fournir ces messieurs de monnaie de plomb.

Le lendemain, un coup de canon nous réveille, c'est pendant toute la traversée le seul salut qu'envoient les caronades du bord. Nous arrivons à Saïgon.

Nous marchons lentement, mais agréablement ; même pour les personnes que n'éprouve pas le mal de mer, c'est un grand repos physique de n'avoir pas à lutter contre les mouvements du navire. En mettant la tête au hublot, sans même quitter ma couchette, je contemple les bords de la rivière, c'est très plat le long de l'eau, des palétuviers, quelques bambous, rien de particulièrement exotique, sauf les petits bœufs cochinchinois, une espèce de *yawk* noir, petit buffle généralement farouche et *mal luné*[62].

62. Le lait des bufflesses est très médiocre.

Vite sur le pont pour voir l'entrée.

Pas mal, cette entrée, beaucoup moins mal qu'on ne se la figure en France ; Saïgon se désigne par de gros bouquets d'arbres et de hautes constructions, moulins et magasins à riz.

Un steamer pareil au nôtre, mais plus petit, est amarré : c'est l'annexe du Tonkin et de l'Annam. Nous le dépassons de quelques encâblures, et nous nous approchons du quai des Messageries. Nous distinguons deux landaus à quatre chevaux, attelés en daumont, et une victoria ; ces équipages indiquent que le Gouverneur général est venu à la rencontre du chef de la mission.

Nous apercevons, en effet, M. Filippini, son officier d'ordonnance et ses secrétaires. Après l'échange des compliments d'usage, nous montons dans les voitures qui nous emmènent au grand trot au Palais du Gouvernement. Nous traversons un magnifique pont en fer d'une seule arche, jeté sur l'arroyo chinois du temps où M. Le Myre de Villers était Gouverneur. On passe par le quai du Commerce, la rue Catinat, la place de la Cathédrale, très bien, la cathédrale, et par le large boulevard Norodom nous arrivons au Palais. Lorsque nous en franchissons la haute grille d'honneur, le poste de tirailleurs annamites prend les armes, les présente et sonne aux champs.

Somme toute, la première impression est

favorable, très favorable ; elle serait excellente, n'étaient la lourde atmosphère, les vapeurs tièdes au milieu desquelles on circule. Mais, en raison même de ce vilain climat, on doit admirer encore plus les efforts faits, les résultats obtenus.

La ville n'a pas encore trente ans, ne l'oublions pas ; dans trente ans, si les améliorations continuent, si de sages et opportunes mesures administratives sont prises[63], Saïgon sera une grande et belle cité qui ne formera qu'un tout avec Cholen et qui pourra compter plus d'un million d'habitants.

Comme tous les édifices officiels, le Palais du Gouvernement est une imposante construction à pavillon central, deux ailes et pavillons latéraux ; le pavillon central se prolonge en arrière assez profondément, il forme la façade de la grande salle des fêtes, qui a environ quinze mètres de large sur cinquante de longueur,

63. Comme à Singapore la question chinoise est très importante à Saïgon, d'autant plus importante que les Chinois migrateurs sont presque tous des Cantonais, c'est-à-dire des commerçants industrieux et actifs. Certes on ne peut laisser la bride sur le cou à toute cette population, car elle finirait par régner en maîtresse dans le pays ; mais, tout en la tenant en respect, on ne doit jamais perdre une occasion de faire preuve vis-à-vis d'elle de sentiments d'équité et de *scrupuleuse intégrité.* C'est le plus sûr moyen à employer pour attacher ces communautés laborieuses à nos idées, et pour leur faire, sinon aimer, du moins apprécier notre domination.

et neuf ou dix de hauteur. Les autres salons, les salles à manger, atrium et vestibules, les appartements particuliers, sont à l'avenant, mais la quantité et la dimension des pièces sont pourtant moindres qu'on ne pense de prime abord, parce que chaque étage du Palais est entouré d'une vérandah d'environ quatre mètres de large. Le style est moderne, mais pas trop lourd et d'assez bon goût.

Tout autour du Palais s'étendent des pelouses se confondant en partie avec le grand parc municipal de Saïgon, qui porte modestement le nom de *Jardin de la ville*, ce qui ne l'empêche pas d'être une fort belle promenade, riche en hauts arbres et en larges avenues[64].

On est très occupé, au Palais, du bal qui sera donné le soir en l'honneur de l'hôte du Gouverneur. Des jardiniers vont et viennent qui garnissent de plantes les salons, les escaliers, les vérandahs ; les tapissiers enlèvent les housses et clouent des drapeaux.

M. Filippini nous ayant priés à dîner, les uns regagnent le *Natal* pour faire qui leurs préparatifs de toilette, qui une petite sieste réparatrice ; je préfère, pour ma part, aller jusqu'à Cholen : j'avise à cet effet le tramway à vapeur

64. Il ne faut pas confondre ce parc avec le *Jardin zoologique*, qui est à l'autre extrémité de la ville et qui est également bien dessiné, bien entretenu et largement pourvu d'animaux plus ou moins féroces.

qui relie Saïgon à son faubourg chinois au moyen de trains qui se succèdent toutes les demi-heures.

Le prix du voyage est de douze *cents* par personne[65].

On met trente-cinq minutes à faire le trajet à travers une plaine inculte. L'allure est assez rapide, et, le soir, les Saïgonnais profitent souvent de leur tramway pour se donner l'illusion de brises fraîches en mettant le nez à la portière.

Le prix des voitures est très modéré : 40 cents[66] l'heure, 30 cents la course, 2 piastres la journée ; elles vous mènent très bien jusqu'à Cholen si l'on veut, mais il n'y fallait pas songer ce jour-là, car elles étaient toutes retenues pour la fête du soir[67].

Cholen comprend plus de 80 000 habitants en majorité Chinois ; la ville est propre, les rues, avec trottoirs, sont larges, bien macadamisées, les boutiques françaises, annamites,

65. Environ 45 centimes, la piastre valant alors 3 fr. 80.

66. La Monnaie de Paris frappe spécialement pour l'Indo-Chine française des pièces d'argent d'une piastre, quarante, vingt et dix cents, des pièces de bronze d'un et deux cents. L'effigie est celle du sceau national : la France assise, tenant de la main droite un faisceau de licteurs, mais sans être entourée de la même quantité d'attributs. Le revers porte en inscription chinoise la valeur de la pièce frappée par *Ta-Fa-kouo* la grande France, et la valeur en français pour la piastre ; cette dernière est indiquée *Piastre de commerce.*

67. Il y a environ 800 voitures de place à Saïgon.

chinoises, sont fraternellement mêlées ; toutes sont sans fermeture ; le comptoir, sans étalage aucun, donne directement sur la rue ; les marchandises sont derrière, rangées en hémicycle. Beaucoup de vanniers, de fabricants de malles en bois de camphrier, de nombreux marchands d'étoffes et de quincaillerie de toute provenance, aussi bien anglaise qu'allemande, américaine que française. On me montre la résidence du préfet indigène, du *phu* de Cholen, personnage très connu en Cochinchine et entièrement rompu à nos usages. L'intérieur de son hôtel est meublé mi-partie à l'européenne, mi-partie à l'annamite ; les meubles indigènes sont, paraît-il, fort beaux, en bois incrusté de nacre. Ils ont, m'a-t-on dit, figuré à notre Exposition de 1878. De retour à Saïgon, je suis frappé par les imposantes dimensions du nouveau et colossal Palais de Justice qui affecte la forme d'un temple grec.

Les services administratifs de la colonie sont centralisés à la direction de l'Intérieur qui occupe, rue Catinat, plusieurs immeubles bien construits et parfaitement adaptés au climat. Les casernes, qui se trouvent dans la citadelle, maintenant citadelle surtout de nom, sont également bien ventilées ; les murs des chambrées ne montent qu'à hauteur d'homme, l'air circule librement dans toute leur étendue. Comme la plupart des habitations tous les monuments publics n'ont qu'un ou deux étages, toujours entourés de vérandahs.

Il y a quelques années des travaux curieux ont été entrepris pour doter la ville d'eau potable. On a construit un château d'eau et un puits hydrostatique qui assurent l'alimentation dans de bonnes conditions. Il manque pourtant deux choses à Saïgon : la première est une cale sèche, la deuxième un bon éclairage.

À première vue il semble qu'il n'y ait aucune connexité entre l'éclairage et une cale sèche. La difficulté de posséder l'un et l'autre provient pourtant de la même cause : « les infiltrations ».

Saïgon était encore éclairé au pétrole en 1887, les essais pour installer le gaz ayant été infructueux, et l'établissement de l'éclairage électrique étant, paraît-il, impossible avec les machines dont on dispose actuellement[68].

Quant à la cale sèche[69], il y a beau temps qu'on cherche à en établir une dans l'un quelconque de nos établissements du Pacifique ; – les esprits pratiques demandent actuellement son installation à Nouméa (?).

À défaut de cale sèche, on avait installé, en

68. Dédié sous toutes réserves aux électriciens, – les dynamos souffriraient presque autant que les hommes de l'humidité chaude qui règne presque constamment en Cochinchine, les induits s'oxyderaient avec une rapidité surprenante.

69. Ce genre de bassin est assez rare partout, même en Europe ; on peut penser qu'il l'est encore plus en Asie et en Australie. Il n'y a que Sydney où l'on puisse radouber en cale sèche un navire de plus de 100 mètres de long.

1881, à Saïgon, un dock flottant en fer. Cet appareil eut la vie courte : inauguré dans le courant du mois d'août, il sombrait le 1er septembre.

Pourtant, avec une dépense d'environ un million, en employant les procédés modernes de construction, le ciment avec ossature métallique (système Monier par exemple), on parviendrait à faire un grand bassin parfaitement étanche. Pour commencer, il serait bien plus intéressant de le posséder en Cochinchine que de l'établir en Nouvelle-Calédonie. Plus tard, quand Panama sera percé, rien n'empêchera de donner satisfaction à Nouméa.

J'allais rentrer directement à bord, quand je me souvins de la recommandation que m'avait faite un compagnon de voyage de changer mon argent français contre des piastres, lors de notre passage en Cochinchine.

Le conseil était bon ; seulement la banque à laquelle je m'adressai me joua un tour contre lequel je veux mettre en garde mes amis lecteurs qui viendraient à faire le même voyage.

En arrivant à Saïgon, le voyageur venant d'Europe et se rendant en Chine aura certainement avantage à changer l'or ou les billets de banque européens contre des piastres ; mais il devra prendre ces piastres en nature, et exiger des *piastres mexicaines*.

Comme la piastre vaut *presque toujours*

moins en Cochinchine que dans les ports chinois, et que la différence du taux s'accroît au fur et à mesure que l'on se dirige vers le nord, on peut, en prenant des piastres mexicaines à Saïgon, obtenir un assez beau bénéfice[70].

Entre Saïgon et Pékin je réalisai ainsi environ un franc par piastre nature qui m'avait été donnée. Ce que j'eus tort d'accepter, ce fut une lettre de change sur Hong-Kong et Chang-Haï pour moitié de la somme versée.

En présentant cette lettre dans les susdites villes, on me fit remarquer que mes piastres papier étaient des piastres de la place de Saïgon, inférieures en valeur à celles des places de Hong-Kong et Chang-Haï : je dus donc payer pour la conversion, puis pour le change de place à place. L'or français conservé jusqu'à Chang-Haï m'eût au contraire donné une jolie prime. En somme je perdis par manque à gagner. Conclusion : ne jamais changer que métal contre métal[71].

70. Exception doit être faite pour le Japon, où la piastre est *ordinairement* très bon marché.

71. Autre recommandation *très importante* : une fois en Chine, ne jamais accepter des comptes de chèques en taëls, les exiger en piastres. Les comptes en *taëls* donnent lieu à des complications inextricables, grâce au cours constamment variable des rapports entre la monnaie de poids et la monnaie fiduciaire. On est alors obligé de régler ses fournisseurs et ses banquiers les bulletins de Bourse à la main. On ne saurait s'imaginer comme c'est pratique et récréatif.

Je recommande l'étude de la circulation monétaire et des comptes de banque en Extrême-Orient aux personnes qui sont mêlées aux luttes homériques du monométallisme et du bimétallisme. Les Chinois entre eux ont tranché la question depuis longtemps : ils n'emploient dans leurs transactions que le papier et la monnaie divisionnaire.

Il est assez piquant de voir les populations qui représentent la plus vieille civilisation et le peuple qui marche à la tête de la plus nouvelle employer les mêmes procédés pour le règlement des échanges. En Chine comme aux États-Unis de l'Amérique du Nord, les métaux restent dans les banques, et n'en sortent qu'en cas de *compensation*. On réalise ainsi une économie assez appréciable sur la frappe et sur l'usure des monnaies courantes[72].

À sept heures un quart nous étions réunis sous la vérandah du premier étage, au Palais du Gouvernement ; les réverbères allumés du boulevard Norodom s'allongeaient sur quatre

72. J'ai toujours été assez sceptique à l'endroit de la provenance orthodoxe des innombrables piastres que les Européens et les Américains font avaler chaque année à la Chine, d'autant plus sceptique que ces piastres varient en poids, en titre, en sonorité, pour ainsi dire à l'infini. Ou bien il doit y avoir des fabriques clandestines de cette monnaie, ou la République mexicaine doit réaliser des bénéfices fabuleux sur la frappe de l'argent, dans la proportion *minima d'un franc* sur *trois francs soixante centimes*.

files, et leur perspective montante nous était comme une réminiscence de l'avenue des Champs-Élysées[73].

Le dîner, servi à la française, était aussi bon qu'on peut le demander en Cochinchine, où les légumes frais laissent surtout à désirer. Depuis l'avènement des gouverneurs civils, le ton du Palais a beaucoup baissé, mais on ne saurait reprocher cette diminution de représentation aux fonctionnaires qui se sont succédé dans cette haute charge. Les officiers de la marine comme ceux de l'armée de terre ont, en dehors de leur traitement, mille facilités de service qui manquent aux simples *pékins*, et là où soit un marin soit un militaire fera bonne figure avec 100 000 francs d'appointements, un fonctionnaire civil paraîtra un ladre, même s'il en dépense le double. À ce point de vue, pour certains yeux peut-être secondaire, on doit regretter le remplacement d'un gouverneur contre-amiral par un gouverneur civil.

Nous retournons sous les vérandahs pour prendre le café. Les invités au bal commencent à arriver, et les mille lanternes des voitures qui descendent au grand trot le boulevard Norodom complètent encore l'illusion. On se

73. Saïgon, bien qu'éclairé au pétrole, jouit d'une véritable profusion de lampadaires : la quantité supplée à la qualité.

remuante, active, très propre, des voitures de toutes sortes, nombre d'équipages particuliers irréprochables, des jin-riki-sya, et puis le mode de transport des humbles, l'omnibus chinois, la brouette à deux places. Tout va et vient avec ordre, calme et célérité tout à la fois. Le policeman anglais est flanqué quelquefois de deux géants indiens, des sikhs à gros turban de couleur variable, – policemen comme lui. Encore un pont, – une plaque avec un nom français bien connu, la rue Montauban ; des gardiens de la paix, casqués et vêtus d'uniformes de douaniers, rectifient la position et font le salut militaire. Nous sommes en France, ou plutôt sur la concession française. « Bureau de poste ; Guieu et Cie, commissionnaires ; A-Song, tailleur, etc. » ; toutes les patentes en français. Une grande enseigne en lettres d'or : « Hôtel des Colonies », et, vis-à-vis : « Dépendance », rien n'y manque. Nous voici arrivés.

En descendant de voiture, je me heurte à un réverbère : c'est le modèle de Paris, seulement notre petit vaisseau est remplacé par l'aigle impérial. Cela indique au moins que toute cette installation ne date pas d'hier.

En l'honneur du chef de la mission, la municipalité française a mis un poste de gardes municipaux à l'hôtel.

C'est très curieux, il y a bien dix ans déjà que je suis Chinois, que je vis avec des Chinois, croirait le soir place de la Concorde, quand, en été, les équipages rentrent du Bois.

Toutes les vérandahs circulaires, tous les salons sont illuminés. À travers les baies de l'atrium, la salle des fêtes se détache étincelante, sobre de détails, et blanche comme la grande salle de bal du *Foreign Office* de Londres, dont elle se rapproche aussi comme dimensions.

Le cortège officiel s'avance, et la musique d'infanterie de marine, placée au fond sur une estrade, attaque, à l'entrée du Gouverneur, les premières mesures de la *Marseillaise*.

Beaucoup d'uniformes, nombre de jolies toilettes féminines ; au moment où le bal bat son plein, il y a bien sept ou huit cents personnes dans les salons. On se montre assez curieusement le *phu* de Cholen, très correct dans son habit noir à rosette rouge presque imperceptible, portant en sautoir le large cordon de moire blanche à broderies d'or, insigne de ses fonctions. Sa femme, Mme la Préfète de Cholen, est également présente ainsi que ses filles ; – ces dames sont entourées de courtisans européens et indigènes qui s'extasient sur la richesse de leur costume national.

Dans plusieurs salons sont des tables de jeu, l'écarté fait fureur ; les piastres et les billets de la Banque de Cochinchine se livrent à une danse effrénée.

Sous les vérandahs se promènent les lettrés

annamites, les interprètes indigènes ; ils s'arrêtent de temps en temps pour rouler une cigarette aux tables chargées de cigares et de monceaux de tabac frisé ou faire honneur aux buffets, qui sont bien et abondamment servis.

Il est deux heures passées quand nous regagnons le *Nata*l dans la voiture qu'un conseiller municipal a bien voulu mettre à notre disposition. Le bleu du ciel est d'une transparence sans égale, la lune frappe de lumière crue les routes poudreuses, et éclaire si vivement les colonnades du Palais de Justice que cet édifice nous apparaît de marbre, – Parthénon de restauration idéale, de contraste violent, dans un milieu de paillottes délabrées et de pagodes à toits fantasques.

En nous approchant de la rivière nous entendons le susurrement bien connu des moustiques, et nous rentrons sans lumière dans notre cabine pour ne pas attirer ces désagréables insectes. Grâce à cette précaution, ils veulent bien nous laisser à peu près tranquilles.

Quelques heures plus tard nous étions réveillés par les derniers déchargements des bagages[74]

74. En dehors des transports d'argent métal qu'ils effectuent, les paquebots des Messageries Maritimes apportent beaucoup de marchandises en Cochinchine : liquides, conserves, matériel de construction, surtout des fers qui sont rembarqués sur les *annexes* pour l'Annam et le Tonkin.

La première personne que je croise en montant sur le pont est notre ami de Clamart, qui va nous quitter pour gagner Hanoï.

« Avez-vous au moins trouvé un bon gîte ? lui dis-je.

— Oui, me répond-il, on m'a indiqué l'*Hôtel Laval* pour dormir, *l'Hôtel de l'Univers* (Ollivier) pour manger[75]. Mais je vous quitte, car je vais surveiller le transbordement de mes meubles. »

À ce moment même, un colis d'un cube énorme se balançait au bout d'un palan.

« Voilà la caisse qui contient mon armoire à glace, me dit, en disparaissant, notre compagnon de route. Je cours à terre la recevoir. »

La phrase était à peine achevée que le palan s'abattait lourdement sur le pont, cassait comme verre et laissait tomber avec un fracas terrible la caisse de meubles.

Le désespoir du propriétaire, arrivé à point nommé pour assister à son désastre, faisait peine à voir.

« J'en avais le pressentiment, murmurait-il d'un air navré.

— Bah ! repartit un témoin flegmatique, vous avez bien lieu de vous plaindre ! la Compagnie payera. Consolez-vous. »

L'escale obligatoire de vingt-quatre heures est souvent fort courte pour opérer ces débarquements.

75. Cette distinction singulière est souvent utile à faire en Extrême-Orient.

La réflexion plut sans doute au sinistré, car il s'en fut réconforté, presque guilleret.

Peu de temps avant la marée haute, nous avions largué nos amarres et nous redescendions la rivière de Saïgon, ramenant au Cap quelques-uns des invités de la veille.

Le soir, vers cinq heures, nous apercevons quelques instants les côtes de l'Annam ; – on remarque des profils montagneux d'un aspect tout particulier. J'ai déjà vu ces dentelures quelque part. Je les reconnais, je pourrais même dire quels points de la côte sont abordables, où l'on trouve de l'eau potable, etc. Pourtant je n'ai jamais été en Annam.

Mais point n'est toujours besoin d'aller soi-même dans un pays pour le connaître[76].

Trois jours après, le 18 août, à trois heures, Hong-Kong était signalé. Une côte montueuse, d'apparence stérile, de nuance rougeâtre, se dessinait à bâbord : c'était la Chine.

76. J'évite cependant de donner la moindre appréciation sur le Tonkin et sur l'Annam. On a longuement discouru sur les avantages et les inconvénients de l'expédition. On en a rendu responsables certains hommes, certains courants de gouvernement. C'est à tort. Dans un siècle seulement, ces questions pourront être traitées et débattues comme il convient. Si le résultat est alors mauvais, il sera tout aussi juste d'accabler M. Ferry que M. Guizot, et de choisir même encore plus avant des boucs émissaires. En affaires extérieures, les grandes lignes de la politique générale ne sont pas connues des contemporains, même de ceux qui croient ne pas être des profanes. Qui vivra verra.

VII

Hong-Kong ou *Heung-Keung* en cantonnais, *Chiang-Kiang* en langue mandarine, signifie *le bon port*, on pourrait dire presque *le havre de grâce*. C'est une île de 11 milles anglais de long sur 3 ou 4 milles de large, à 90 milles anglais de Canton, à 40 milles de Macao. Hong-Kong a une importance telle dans l'histoire diplomatique, dans le commerce international, qu'en venant à en parler il est impossible de trouver meilleure occasion pour rappeler les origines de l'action politique européenne en Extrême-Orient.

Avant que des relations diplomatiques suivies aient été établies entre les différents gouvernements d'Europe et d'Amérique, d'une part, et les gouvernements d'Extrême-Orient, d'autre part, des rapports commerciaux existaient déjà ; de plus des missions temporaires, des ambassades extraordinaires avaient été réciproquement échangées.

À leur époque de splendeur, Athènes et Rome avaient, à n'en pas douter, connu la Chine[77] ; Amsterdam, Augsbourg et Gênes, à une époque moins reculée, en avaient reçu de riches caravanes. À Venise enfin, Marco-Polo était revenu enthousiasmé de son long séjour dans l'Asie orientale ; pourtant ni ses instances, ni les riches échantillons qu'il rapporta, n'avaient pu convaincre ses concitoyens. Les marchands vénitiens devaient ainsi perdre l'occasion que les Anglais eurent le bonheur de retrouver plus tard, et qu'ils se gardèrent bien de laisser échapper.

En effet, au siècle dernier l'Angleterre, déjà maîtresse des marchés du Bengale, avait cherché à étendre davantage son influence, et la Compagnie des Indes, qui seule possédait le droit de trafiquer dans ces parages, s'empressait de saisir toute occasion d'augmenter ses débouchés. C'est ainsi que fut fondé le premier comptoir anglais à Canton.

Au début, les affaires ne consistaient que dans des échanges d'opium, cultivé dans les possessions de la Compagnie, contre du thé, des soies, de la rhubarbe, articles déjà très appréciés en Angleterre.

77. On trouve dans différents textes chinois les Antonins désignés sous le nom de *Ngann-touenn*. En 1887, on a découvert dans le Chann-Si nombre de monnaies romaines de treize règnes différents, depuis Tibère jusqu'à Aurélien.

Les Hollandais avaient bien précédé les Anglais à Canton, et les Portugais avaient reçu une concession à Macao, en échange des services qu'ils avaient rendus lors de l'avènement de la dynastie tartare mandchoue ; mais ni les uns ni les autres n'avaient su tirer parti des avantages qu'ils possédaient, soit qu'ils aient craint d'attirer des rivaux, soit qu'ils n'aient pu trouver d'objets d'importation qui convinssent aux Chinois. Telle était au moins leur situation lorsque les Anglais arrivèrent à Canton. Telle elle dura pendant plus d'un siècle.

Vers 1830, cet état de choses se modifia.

On commençait à s'inquiéter à Londres des progrès toujours croissants d'une société qui, d'abord simple association de commerce, semblait devenir une véritable puissance. Un bill fut signé qui déclara que le monopole de la Compagnie des Indes prendrait terme en 1834.

C'est la première grande époque de la période que nous envisageons.

Les conséquences de la décision prise par la métropole devaient être très graves. Jusque-là les Anglais ne s'étaient présentés en Chine que comme des marchands revêtus simplement d'un caractère privé. Les échanges, les achats et les ventes, se faisaient par les maisons de courtage connues sous le nom de *Hanistes* qui facilitaient les transactions sans nécessiter jamais l'intermédiaire d'un agent officiel. À Canton, l'Angleterre n'était qu'une tribu commerçante. Les Chinois, à tort ou à raison, se croyaient le peuple le mieux gouverné, le plus puissant du monde, et ne pouvaient s'imaginer qu'ils allaient trouver dans les Anglais un peuple aussi puissant et mieux armé.

Aussi l'indignation fut-elle portée à son comble quand, en 1840, les autorités chinoises, habituées au respect et à la soumission des nations ou des peuplades voisines, virent arriver un agent de la cour de Londres qui, dans la dépêche qu'il leur fit parvenir, leur parlait sur le ton de la plus parfaite égalité.

Tout d'abord les autorités cantonnaises (le vice-roi, le surintendant de l'instruction publique et le surintendant des douanes) refusèrent de recevoir la dépêche anglaise, parce qu'elle ne revêtait point le caractère d'une supplique. L'agent anglais, lord Napier, ayant insisté, il lui fut d'abord demandé de livrer les caisses d'opium qui se trouvaient à bord des bâtiments anglais, caisses dont le gouvernement chinois avait demandé la confiscation. Il fut accédé à ce désir. Lord Napier reçut alors comme réponse que « les Anglais devaient avoir besoin de trafiquer avec la Chine, tandis que les Chinois pouvaient très bien se passer de l'Angleterre » ; en même temps, on brûlait publiquement les caisses d'opium livrées par les Anglais. Indigné, lord Napier se retira, rompit toute négociation, et, quelque temps après, des forces navales anglaises arrivaient devant

Canton ; en quelques jours la ville était bombardée, ses fortifications détruites. (Tous ces faits se trouvent relatés dans une proclamation de Linn-Tzeu-Kiu, à cette époque vice-roi de Canton.)

Un commissaire impérial fut alors nommé avec mission de négocier ; mais, soit qu'il eût outrepassé ses pouvoirs, soit que la cour de Pékin eût eu regret d'avoir semblé céder, les négociations qu'il avait entamées furent déclarées nulles, ainsi que le compromis qui en résultait. Les hostilités recommencèrent.

Cependant, l'expédition anglaise avait exploré les côtes de la Chine, à peu près inconnues jusque-là, et des cartes avaient été dressées qui allaient rendre la navigation moins dangereuse dans ces mers si peu fréquentées par les navires européens.

En même temps que Chang-Haï était pris, le Yang-Tzeu-Kiang était exploré, et la flottille anglaise, *prenant possession du grand canal, coupait les communications entre Pékin et le sud de l'empire*.

La Cour s'aperçut, dès ce moment, de la gravité des événements ; en effet, les approvisionnements de la capitale se faisaient par le canal, et, dès qu'il fut intercepté, le manque de vivres se fit sentir à Pékin.

Dès lors, l'empereur consentit à traiter, et désigna pour le représenter Ki-Y. Sir Henry Pottinger était le plénipotentiaire anglais.

Le 29 août 1842, le traité de Nann-King était signé.

C'est de ce jour que date le premier traité conclu entre la Chine et une puissance occidentale. Les signatures avaient été échangées dans une ville qu'une flotte anglaise était prête à bombarder.

Ce jour-là, la Chine reconnaissait qu'elle n'était pas la seule grande nation.

C'est la deuxième grande époque de cette période.

Le principal avantage que l'Angleterre obtenait par le traité du 29 août 1842 était la cession de l'île de Hong-Kong.

En ce temps-là, au dire des subsistants parmi les premiers colons, Hong-Kong n'était qu'un roc, sans végétation aucune, quelque chose comme une seconde édition d'Aden. Au point de vue territorial, l'empire chinois, en abandonnant cet îlot aride, ne paraissait pas faire un bien grand sacrifice ; mais, au point de vue diplomatique, cette cession créait un précédent fâcheux pour la Chine, car ce premier coin enfoncé dans ses flancs devait, bientôt après, être chassé par beaucoup d'autres. Le premier traité anglais comprenait encore diverses conditions favorables aux Européens. Il fut suivi assez rapidement du traité américain et du traité français.

L'Angleterre pourtant s'était constituée le champion de l'Europe, car un article du traité qu'elle avait signé avec la Chine stipulait que les avantages obtenus par elle seraient également concédés aux nationaux des autres pays d'Europe. Toutefois, dans l'espoir de voir améliorer les conditions premières, et aussi par amour-propre, les États-Unis et la France envoyèrent des représentants pour défendre à nouveau les intérêts du commerce international.

L'envoyé américain fut M. Caleb Cushing ; le ministre français, M. de Lagrené.

Ce dernier trouva les Chinois très bien disposés à notre égard, en raison des services rendus à leur pays par nos missionnaires, sous les règnes de K'ang-Chi et de Kienn-Long.

Les missions françaises avaient même compté, parmi leurs membres, le R.P. Gerbillon, jésuite, qui, fort bien vu du gouvernement chinois, négocia, comme principal agent de l'empire, un traité avec la Russie. L'année qui suivit l'adoption du traité américain fut celle où l'on signa le traité français.

Ces deux traités différaient du traité anglais en ce sens qu'ils étaient à la fois politiques et commerciaux, tandis que le traité anglais, signé par sir Henry Pottinger et le plénipotentiaire Ki-Y, se subdivisait en traité commercial, le plus important, et en traité politique, – division du reste assez peu utile, surtout à cette époque où les Chinois n'accordaient que le strict nécessaire.

Le traité français du 24 octobre 1844 est le principal à notre point de vue. [...] Les traités subséquents ont stipulé de nouveaux avantages, mais ce sont les articles du traité de 1844 qui sont encore en vigueur pour la plupart des cas. Ce traité est devenu une sorte de *charte internationale de garantie* qu'il faut bien connaître et à laquelle il est toujours bon de se reporter quand viennent à surgir des questions litigieuses entre les deux gouvernements.

Si un Européen voulait écrire l'histoire moderne des rapports des pays d'Occident avec la Chine, il pourrait jusqu'à présent diviser son œuvre en quatre parties et leur donner pour en-tête de chapitre le nom d'une ville : Canton, Hong-Kong, Chang-Haï, Tienn-Tsinn. Chacune de ces étapes marque un pas de plus vers la capitale, et, il ne faut pas se le dissimuler, c'est à Tienn-Tsinn que se nouent maintenant en Chine les intrigues commerciales et politiques.

L'ancienne importance de Chang-Haï est bien diminuée, Canton et Macao sont des villes mortes à côté de ce qu'elles étaient autrefois. Hong-Kong n'est plus chinois, c'est un port cosmopolite qui doit son développement à ses franchises, à sa position, à sa rade, mais nullement aux affaires qu'on peut contracter sur place.

En parlant successivement de Chang-Haï, de Tienn-Tsinn et de Pékin, nous suivrons ainsi en même temps que notre route le déplacement du centre d'influence européen, et nous signalerons chaque fois les principaux souvenirs laissés dans ces différentes villes par *l'activité* des « *hommes au grand nez et à la chevelure rouge*[78] ».

L'île de Hong-Kong a la forme générale d'un croissant dont la partie concave est tournée vers le continent, et forme, avec la rive chinoise opposée, une rade unique au monde. Semblable à un bassin presque fermé, elle n'est accessible que par deux étroites passes, de défense aussi facile contre les éléments que contre les attaques d'une flotte de guerre. Sur une carte ordinaire la passe sud paraît encore large ; il suffit d'examiner une carte marine pour voir qu'elle est barrée presque entièrement par le *Kellett Bank*.

Le *Natal*, pour entrer dans le port (Victoria Harbour), a, suivant l'usage, pris un pilote qui se charge de la direction du navire au milieu de l'archipel entourant Hong-Kong.

Toutes les îles que nous passons sont d'aspect monotone, elles semblent d'immenses rochers tombés dans la mer, leurs masses se découpent nettement dans le ciel ; mais, comme le soleil se trouve derrière elles, on

78. C'est ainsi que certains Chinois aiment à nous désigner dans leur intimité. Ce sont les Anglais qui nous valent cela.

distingue mal la nature des plantes qui les couvrent et les détails du terrain. Dominant Hong-Kong, voici *Victoria Peak*, où est juché le sémaphore qui nous signale. (Ce pic n'est cependant pas le plus élevé de l'île, il n'a que 590 mètres au-dessus du niveau de la mer, tandis que son voisin le Mont Gough atteint 620 mètres.)

L'impression que nous ressentons est encore plus favorable que celle éprouvée à Singapour. Le spectacle est véritablement empoignant. « Cela, au moins, vaut la peine de se déranger. » Tel est l'avis unanime.

À gauche sur la côte chinoise, des contreforts fuyants, montagnes du genre de celles que, nous autres alpinistes, nous nommons des *bosses*. Bosses et vallons, tout est stérile, désolé : pas un arbre, pas un hameau, pas une route. Seule, de ce côté, une étroite presqu'île qui s'avance dans la rade est semée de grandes constructions européennes ; sur une pente gazonnée s'y dressent aussi des rangées de tentes c'est Kowloon Penin, petit territoire que la prévoyante Angleterre s'est fait gracieusement octroyer en 1861. Régulièrement, ce territoire ne doit avoir que quatre milles carrés. Il est séparé de la frontière impériale par une zone neutre de forme géométrique bizarre, une sorte de bastion renversé. Kowloon Penin, jusque dans ce détail, est le Gibraltar de l'Extrême-Orient.

À l'extrémité de la presqu'île se dresse une tour de construction insolite, un grand mât noir la surmonte ; au pied du mât une boule énorme, noire également. C'est la *Time-ball*, ou boule horaire. Quelques instants avant midi, chaque jour on hisse la boule ; elle retombe à midi juste, et sa chute fait tinter toutes les cloches de la ville et des navires.

Si, absorbé par la contemplation de la « *terre céleste* », vous laissez encore marcher quelque temps le navire, puis si vous vous retournez brusquement vers Victoria, c'est-à-dire à droite, vous demeurez littéralement stupéfait. Autant le désert morne que vous venez de contempler vous a serré le cœur, autant l'aspect joyeux de la pimpante Victoria City vous remet en belle humeur.

La ville s'étage en degrés semi-circulaires ; sur les quais, des magasins, des docks, des banques, des go downs (magasins dont le nom vient, dit-on, de l'anglais *go down*, c'est-à-dire descends, ou décharge), aussi des *grounds*, notamment la *Plaza*. Il s'y donne justement une fête militaire, aussi gaie que les plus gaies fêtes de gymnastique en Suisse. Il y a orgie de drapeaux de toute nationalité. Du bord on distingue les coureurs qui se disputent les prix sur une pelouse de gazon fin, de *grass* anglais en un mot. D'épais ombrages entourent la Plaza. Plus haut, le Palais du Gouvernement, le Parc public en pente coupée de gradins, avec des talus à balustrades de pierre comme les terrasses italiennes du Jardin du Luxembourg. Au milieu du parc, et partout autour des villas, des floraisons inouïes, inédites, luxuriantes, d'une fraîcheur de tons incomparable. Plus haut encore, des routes qui épousent les creux et les reliefs de la montagne, promenades horizontales dominant la ville et la rade, serpentant au milieu de bois de sapins, de massifs de palmiers.

Un négociant anglais venant de Singapour et qui n'a pas desserré les dents depuis son embarquement remarque mon admiration. Il s'approche et me dit en français, me montrant successivement la Chine et l'île : « Il y a quarante ans, Monsieur ! Maintenant, Monsieur !... C'est nous qui avons fait cela. »

Ce chauvinisme est bien compréhensible. L'Angleterre a fait à Hong-Kong plus grand que partout ailleurs. Je suis d'autant plus à mon aise pour le proclamer que j'ai dûment constaté qu'Aden était un joli petit four, au propre et au figuré.

Le *Natal* stoppe en pleine rade, près d'un autre paquebot des Messageries Maritimes, le *Menzaleh*, qui fait le service de l'*annexe* pour le Japon[79].

Un petit *launch* très coquet, peint en blanc,

79. Maintenant les grands paquebots vont à Yokohama par Chang-Haï.

aux cuivres reluisants et qui porte allègrement le pavillon de la *Hong-Kong Hôtel Company limited*, nous amène à terre au bas de Peddars Street. En quelques minutes nous gagnons le *Hong-Kong Hôtel*[80].

Le *style* de la maison est américain ; c'est un hôtel à *board*, c'est-à-dire à *tant par jour* tout compris sauf les boissons. Le board est de 5 piastres par tête. Le prix du passage dans le steam-launch est assez salé : une piastre par personne ; c'est un peu cher pour vingt tours d'hélice. Sauf ce détail, la maison est recommandable de tous points, la cuisine y est parfaitement supportable, les appartements sont grands, propres, très bien aérés.

Les salles à manger sont remplies, suivant l'usage yankee, de petites tables de quatre, six, huit couverts. Le service est fait silencieusement par des boys chinois dont la dextérité et la discrétion nous font oublier les poses langoureuses et grotesques des maîtres d'hôtels cynghalais. Après un repas léger nous hélons des porteurs de chaises, et, moelleusement balancés dans les élégants palanquins cantonnais, nous partons à la découverte des curiosités de Hong-Kong.

80. Il y a encore à Hong-Kong deux autres bons hôtels, le *Victoria Hôtel* et le *Stag Hôtel*.

Les porteurs marchent d'un pas tellement rapide qu'on aurait peine à les suivre en courant[81]. Mais je ne fais guère attention à leur allure, intrigué que je suis par l'existence de deux grandes armoires plates, à portes pleines, que j'ai remarquées dans le vestibule de l'hôtel.

Mes compagnons commencent à trouver pourtant que le balancement est désagréable, que la cadence est trop précipitée.

« Allons, vous qui savez le chinois, dites-leur de ralentir un peu le mouvement. » Sans me faire autrement prier, je crie : « *Mann-mann ! Mann-mann !* » Mon interjection a un plein succès, trop plein même, car tous les palanquins s'arrêtent net.

J'ai oublié que je parlais à des Cantonnais, et que ce qui veut dire à Pékin « doucement » signifie « stop » à Canton.

Nous finissons par nous entendre, et nous repartons moins rapidement[82].

Tournant à droite près de la tour de l'horloge,

81. Les chaises ou palanquins du sud sont d'une grande légèreté, tout en rotin canné. Il suffit de deux hommes pour les porter. Ils vous enlèvent sur leurs épaules. Dans le nord, les chaises sont fermées, aussi lourdes qu'un fiacre, et exigent au moins quatre porteurs.

82. Pour les *jin-riki-sya* (ce qui veut dire, je crois, en japonais, voiture traînée par un homme, vulgo *pousse-pousse*), et pour les palanquins, voir le tarif affiché dans les hôtels par les soins de la police. Ce tarif est variable d'une année à l'autre.

nous avons pris Queen's Road, la grande rue de Hong-Kong, la rue des beaux magasins, des grands *stores* européens et chinois. La foule cosmopolite est grouillante, mais pas une voiture, pas un cheval[83] ; la chaussée, d'un jaune brillant, est aussi nette que les routes de Monte-Carlo. Des odeurs fortes, parfums entêtants ou relents infects, nous arrivent par bouffées ; il est cependant juste de dire qu'à l'encontre de ce qui existe dans la plupart des villes chinoises, on est plus embaumé qu'empesté.

Tout à coup les cloches des églises se mettent à tinter, les gens à courir de tous côtés, et nous voyons arriver les pompes à vapeur à fond de train. Là encore, les hommes remplacent les chevaux, galopant au moins aussi vite. Le feu a pris à la raffinerie de sucre, à l'autre bout de la ville. Les pompiers volontaires européens débouchent de toutes les rues. Ils vont à l'incendie en *pousse-pousse*. Leur tenue est celle des pompiers d'Amérique, chemise rouge et casque en cuir à large couvre-nuque.

Continuant notre course, nous sommes séduits par les objets d'orfèvrerie qui sont exposés dans des vitrines que ne renieraient

83. Le gouverneur et un ou deux négociants ont des chevaux, mais on peut quelquefois rester huit jours à Hong-Kong sans les rencontrer.

pas les premiers magasins de Regent Street ou des boulevards parisiens. *Mann ! mann !* cette fois pour de bon ; nous entrons chez Wung Hing, un des plus célèbres argentiers de Hong-Kong. Aiguières, plateaux, théières, sucriers, plats, candélabres, tous les plus beaux articles défilent sous nos yeux. Le métal est fin, il a du poids, l'ornementation est gracieuse, légère ; on préférerait peut-être moins de guillochage, mais le guillochage cantonnais ou japonais est tellement différent du nôtre qu'on se prend à l'aimer. Nous nous laissons tenter, et nous ne le regretterons pas, car les objets acquis sont durables, bien faits et relativement bon marché.

Il y a une agréable excursion à faire à Hong-Kong du côté où nous nous trouvons : on prend la *Pokfoolum Road*, et on monte jusqu'au col à droite du mont Davis ; on aperçoit alors au milieu de la haute mer les îles de Lamma, d'Aberdeen, Tree et George ; mais, comme nous ne disposons que d'une escale de vingt-quatre heures, nous préférons prendre la fameuse *Kennedy Road*, d'où l'on découvre l'ensemble de la ville, le panorama de la rade.

Cette route idéale, – le mot n'est pas trop fort –, donne, paraît-il, un avant-goût du Japon. On traverse des petits massifs de bois de toute essence ; dans les enfoncements coulent des cascades et sur les pentes aménagées en prairies des vaches laitières de race européenne[84] font tinter leurs clochettes alpestres.

Nous redescendons sur Queen's Road, et, au milieu d'une série de jardins dont les arbres forment, au-dessus des rues, d'opaques voûtes de feuillage, nous gagnons la Wong-Nei-Chong Valley, où se trouve le champ de courses de Hong-Kong, célèbre déjà dans les fastes du sport asiatique[85].

En toute franchise je n'aurais jamais cru que l'on pût trouver des sites aussi séduisants, aussi parfaitement raffinés, à quelques mille lieues de nos grandes villes d'Europe.

À droite, nous rencontrons le cimetière catholique sur la porte, cette inscription *Hodie mihi, cras tibi* ; deux tibias et une tête de mort surmontent cet exergue. Ce champ de repos me fait l'effet d'être particulièrement sale et mal tenu.

Mais voici un splendide parc semé de colonnes et de statues artistement disposées ; un ruisseau clair y coule en clapotant, autour d'une vasque de marbre et de jeux d'eau. Des

84. Ces animaux sont excessivement rares en Extrême-Orient, aussi les résidents les ont-ils en grande vénération.

85. Dès qu'un Anglais s'installe dans une ville quelconque, sa première préoccupation est d'établir des *races*. Aussi y a-t-il des champs de courses à Chang-Haï, à Tienn-Tsinn et à Pékin. Les Chinois ne prennent que trop de goût à ce genre de distraction. Quand il y a réunion à Chang-Haï, on ne peut pas circuler plus facilement sur la pelouse et même au pesage qu'à Longchamp ou qu'à Auteuil.

senteurs fortes montent en effluves enivrantes, parfums naturels qui vous grisent. On ne croirait jamais que l'on parcourt un autre campo-santo. Ce n'est plus le domaine des Parques, ce sont les propylées de l'Olympe. Gênes ! Stockholm ! Brooklyn ! les nécropoles dont vous êtes si fières ne sont rien à côté du cimetière de Hong-Kong !

Le caractère qu'il possède est bien celui qui convient à un dernier asile : sérieux, mais non redoutable.

Un peu plus loin sur la colline se détachent des tombeaux chinois, sépultures de famille en forme de fer à cheval ; la place de l'ancêtre commun est au sommet de la courbe, les pinces du fer enserrent les tombes des descendants, comme deux bras, dans une ultime étreinte.

Encore des ruisseaux, des bois et des cascades, et puis au loin, à l'extrême pointe de la vallée, « *East point hill* », le domaine royal des Jardine, le palais des *princes-marchands*, fièrement campé sur un mamelon qui domine toute la rade.

Le jour baisse, nous rentrons vivement, étonnés de la résistance de nos porteurs de chaises. En revenant sous ces allées sombres, que les becs de gaz et les lampadaires électriques commencent à piquer de points lumineux, dans cette atmosphère tiède et capiteuse du crépuscule oriental, j'ai connu le plus grand charme ressenti pendant tout mon voyage, et ces quelques moments ont suffi pour me faire oublier bien des dégoûts, bien des heures grises.

Avant de regagner l'hôtel nous nous arrêtons chez Lock Hing, propriétaire du grand *Japanese ware store* ; son exhibition nous plaît tellement que nous faisons encore quelques achats.

Je demande la facture et ne puis que constater qu'elle est parfaitement rédigée en bon français !

« 1 petit cabinet japonais ancien (même à Hong-Kong !)

« 2 panneaux bois de fer incrustés nacre et pierres fines » (Mannheim ne cataloguerait pas mieux à l'*Hôtel*), etc. ;

Et puis : « pour acquit », et, afin que tout soit complet, un timbre de quittance *stamp duty* ; seulement ici c'est trois sous au lieu de deux.

M. de Bezaure, chargé du consulat de France à Canton, et Mme de Bezaure, ont bien voulu nous prier à dîner ; nous passons agréablement la soirée entre compatriotes, et nous célébrons les mérites d'une boisson délicieuse que l'on nomme « *Champagne Cup chinese fashion* ».

Le lendemain dès l'aube nous nous hâtons de sortir pour profiter le plus possible de la fraîcheur matinale. Déjà les rues sont animées, des *pousse-pousse* élégants stationnent assez nombreux aux portes, ce sont des *pousse-pousse de maître*. D'instant en instant une forme légère et rapide comme une ombre fuyante s'élance d'une maison vers une des petites voitures ; le conducteur est stylé et part au galop. On n'a eu que le temps d'apercevoir un kimono en crépon gris.

Ce sont les petites Japonaises, Fleurs de lotus consolatrices des célibataires exilés, qui regagnent leurs gynécées. Ainsi le veut la *respectability* à Hong-Kong ; elle n'a pas, que je sache, les mêmes exigences au Japon.

Nous demandons quelques photographies ; les plus intéressantes font malheureusement défaut ; puis, flânant sur les trottoirs, nous regardons des échantillons innombrables de porcelaine cantonnaise, la seule porcelaine chinoise vulgarisée en Europe. C'est parfaitement laid, à côté des produits même modernes du centre, ce qui n'empêche pas les touristes de se précipiter dès leur arrivée sur ces bibelots très bon marché. Ils feraient bien mieux de négliger cette vaisselle et d'acquérir quelques jolis meubles en bois de fer sculpté, quelques ivoires, car ces articles, courants à Hong-Kong, ne se rencontrent que très rarement dans le nord[86].

86. On peut aussi acheter de jolies soieries à Hong-Kong et à Canton ; elles sont moins estimées pourtant que celles que l'on vous offre à Pékin. Il ne faut pas oublier non plus

Nous allons jeter un coup d'œil sur les travaux du chemin de fer funiculaire qui reliera bientôt Hong-Kong à Victoria Peak (la ligne a été inaugurée en 1888). La voie monte presque à pic, c'est plus un ascenseur qu'un chemin de fer ; n'importe, ce moyen de transport rendra de grands services aux habitants de l'île, qui pourront aller chercher dans les hôtels et les villas des sommets un peu de fraîcheur dans la saison chaude[87].

En revenant de cette promenade nous allons faire visite aux officiers du bataillon anglais de la garnison (à cette époque le 2e du Northamptonshire Regiment). Le quartier est admirablement aménagé. Dans la salle du mess des officiers, le couvert est mis, la table est chargée de splendides surtouts d'argent et de vermeil, propriété du régiment, souvenirs de campagnes, cadeaux d'anniversaires princiers ; auprès de chaque assiette est placée une boutonnière de fleurs ; c'est un luxe général. Les cantines des sous-officiers et des soldats sont également fort bien tenues : nous sommes assez loin de la gamelle. D'aucuns trouvent à y redire ; il ne faut pas oublier que

---

de rendre visite aux peintres miniaturistes sur ivoire, qui, pour la modique somme de 5 à 6 piastres, vous feront un portrait que vous payeriez aisément 500 francs en Europe.

87. L'hiver est presque froid à Hong-Kong, la température minimum atteint quelquefois – 2° ; en été, la température moyenne est de + 35° centigrades.

le soldat anglais, le *private*, est presque un fonctionnaire ; quand il embrasse la carrière des armes, c'est pour lui un métier, et non une charge passagère. Et plus que tout autre ce métier doit offrir des séductions, pour retenir les engagés et pour attirer les recrues.

Nous retournons à l'hôtel, où j'apprends que les armoires qui m'ont tant intrigué la veille ne sont autre chose que des râteliers d'armes.

« En cas de révolte... On ne peut pas savoir... Autrefois à la Hong-Kong and Chang-Haï bank, dans ce palais splendide que vous avez vu[88], il y avait même deux pièces de canon dans le vestibule. Il y avait eu des coups de main tentés. On ne saurait prendre trop de précautions. Espérons que nous ne reverrons plus ces temps-là. » Voilà ce qu'on répond à mes questions.

Quelques heures après, nous avions dit adieu à Hong-Kong, et le *Natal* roulait sur les grosses vagues d'eau trouble et louche qui font bien mériter son nom à la mer Jaune. De temps à autre nous croisons des jonques de pêche, dont les voiles bardées de rotin serré ressemblent aux joues d'un accordéon ou bien aux ailes d'une chauve-souris. Nous filons avec

88. On reconstruisait alors l'immeuble qui abrite le siège social de cette *banking corporation*. La nouvelle salle des caisses devait embrasser toute la superficie de l'ancien hôtel, qui restait debout à l'intérieur de la coupole en attendant que les travaux fussent terminés.

une vitesse inouïe malgré les brumes qui se lèvent. « Chacun pour soi et Dieu pour tous ; s'il y a rencontre, le plus gros et le plus rapide coulera le plus petit et le plus lent. Mieux vaut encore être *couleur* que *coulé*. » C'est une morale comme une autre ; n'empêche que je suis fort content quand, le soir du 21 août, je vois allumer les *moines* tricolores et quand j'entends gronder le canon de Gutzlaff[89]. Nous sommes dans l'estuaire du Yang-Tzeu-Kiang. Nous arriverons le lendemain à Chang-Haï dans la matinée. Il y aura juste trente-cinq jours que nous aurons quitté Marseille.

89. Rocher à l'entrée du Yang-Tzeu-Kiang sur lequel est bâti un des nombreux phares qui éclairent maintenant les côtes de Chine. L'administration des phares chinois relève de l'Inspectorat général des douanes. C'est un service remarquablement organisé. Les gardiens sont européens.

VIII

Il est six heures du matin ; au cliquetis des verres, aux bruits de la vaisselle secouée dans ses *violons* et des à-coups de l'hélice affolée, a succédé un calme plat. Nous sommes dans la rivière, dans le Vou-Song[90]. Vite sur le pont pour reconnaître le paysage. Rien d'exotique : les bords de la Loire du côté de Ménars. Sur la rive gauche est une route plantée d'arbres ; je suis un peu interloqué quand j'y vois passer au trot de superbes trotteurs un landau d'excellente coupe, qui n'a nullement l'air de rouler dans des fondrières. À partir de ce moment, je

90. On a quelque peine à s'entendre sur la dénomination à donner à la rivière qui descend de Chang-Haï à Vou-Song (village) depuis le confluent du Vou-Song (rivière) et du Ouang-Pou. Les uns veulent que ces vingt kilomètres de rivière soient la continuation du Ouang-Pou, les autres la continuation du Vou-Song. J'opine pour Vou-Song parce qu'il est dit dans le traité de 1844 que la Sou-Tcheou Creek (*alias* Vou-Song) se réunit au Ouang-Pou pour former le Vou-Song.

me demande si je rêve ou si je suis éveillé. Les constructions commencent à garnir les rives : ce sont les faubourgs de Chang-Haï, et cependant pas un toit, pas une tuile qui ait le *caractère local*. Des hangars dignes de Pantin ou des Batignolles, des maisons qui rappellent celles de la banlieue de Paris. Rien, rien d'asiatique. Ah ! si, cependant, – un steamer qui descend le Vou-Song et qui porte sur les flancs son nom écrit en gros caractères chinois. Le *Natal* s'arrête à la hauteur des docks de la Compagnie des Messageries Maritimes. De l'avant du navire, j'ai déjà distingué des palais gothiques, des temples grecs, des maisons à colonnades, et puis d'immenses casernes qui s'étendent à perte de vue. C'est tout ce qu'on veut, sauf la Chine.

Les dernières *donatives*[91] distribuées à bord, nous faisons enlever nos bagages et nous prenons place dans un des landaus que nous avons retenus de Hong-Kong par télégramme. Elle est très convenable, cette voiture, il ne faudrait pas demander un pareil carrosse de louage même dans une grande ville en France.

91. Il est d'usage, pour les passagers ordinaires, de donner 50 centimes par jour et par personne au maître d'hôtel et au domestique (homme ou femme) qui fait le service de la cabine ; on remet également dix ou vingt francs au *calier* et aux hommes de l'équipage qui ont pu vous rendre de petits services, suivant l'importance et le nombre de ces services.

Les vernis sont frais, les cuirs neufs, l'attelage correct ; sur le siège un cocher et un valet de pied, chinois tous deux, en grande soutanelle de satin bleu, coiffés du chapeau d'été, le chapeau de paille conique à gland rouge[92].

Nous sommes à Tong-Keou : les rues avec chaussée macadamisée et trottoirs à bordures de granit sont indiquées comme en Europe par des plaques bleues ; notre cortège passe par la North Sseu-Tchouenn Road, puis sur un pont très bien établi et portant deux gigantesques tuyaux qui amènent l'eau à la ville ; nous continuons par la Sseu-Tchouenn Road ; maisons, jardins, murs, tout est à l'européenne ; de grands policemen, identiques comme faciès et comme uniformes à ceux de Londres, se promènent au milieu des carrefours. Nous arrivons justement à Nanking Road ou au Ma-Lou.

Voilà maintenant des maisons à six étages. Il ne manquait plus que cela ! des magasins avec des glaces de six mètres de haut, le tout accompagné de becs de gaz perfectionnés de tous les systèmes connus et inconnus et de lampes électriques, toutes à arc par exemple, – (à Chang-Haï les lampes à incandescence ont été rejetées *comme ne donnant pas assez de lumière* : c'est un comble !). Une foule

92. L'empereur *lui-même* fixe chaque année par un décret le jour où l'on doit prendre le chapeau d'hiver en tronc de cône renversé, – le jour où l'on doit le quitter.

sur le Yang-Tzeu-Kiang, fournissent encore des éléments de distraction assez nombreux.

Dès le premier soir les invitations à dîner, à passer la soirée, se mirent à pleuvoir, ainsi que les cartes de visite, car il est d'usage à Chang-Haï, contrairement à ce qui se passe à Pékin et à Tienn-Tsinn, que les habitants viennent les premiers chez les nouveaux arrivés, surtout lorsque ceux-ci sont des *officials*[95].

La société de Chang-Haï a ses défauts, et, comme toutes les petites communautés, souffre de ce mal incurable que l'on nomme *la maladie des potins* ; on vit dans la ville comme dans une maison de verre, et l'on s'occupe non seulement de ce que Madame X. fait à Bubbling well, mais aussi des passe-temps de Monsieur Z. qui se trouve à Tché-Fou ou à

---

une véritable petite chambre formée par des panneaux tendus de gaze impénétrable aux moustiques.

95. Cette différence dans les usages amène chez les gens qui les ignorent, – il s'en trouve dans tous les pays, – des malentendus et des susceptibilités qui sont encore plus pitoyables que ridicules. On fera bien de ne pas attacher la moindre importance aux récriminations de droite ou de gauche qui peuvent se produire, non plus que de s'offusquer de l'absence de telle ou telle carte de visite sur son plateau. Il faut seulement savoir se tenir à sa place, mais ne se laisser sous aucun prétexte marcher sur le pied. La question des présentations ou de la mise en relations est partout délicate ; il est pourtant nécessaire en Chine plus qu'ailleurs de ne pas observer une étiquette trop rigide, de n'être ni trop discret ni trop collet monté, car on en arriverait à vivre dans un isolement dont on aurait à pâtir le premier.

Nagasaki. J'ai, pour ma part, appris différents événements intimes qui s'étaient passés à la légation de France à Pékin, au moment où je m'y trouvais, de la bouche d'une personne qui arrivait de Yokohama. Ce phénomène provient de ce que l'on est à peu près indifférent aux nouvelles générales d'Europe, et de ce que la chronique doit être défrayée par les faits et gestes de toutes les colonies européennes en Chine et au Japon.

Mais la société de Chang-Haï a aussi ses qualités : elle est accueillante, peuplée de gens d'esprit ; on n'y connaît que le monde où l'on s'amuse, et le demi-monde n'y est pas, paraît-il, plus maussade[96].

Les sauteries sont, l'hiver, fréquentes, les

96. C'est principalement l'Amérique qui se charge de pourvoir au recrutement de cette partie de la population. Pour cet article d'exportation, comme pour les autres, les États-Unis battent l'Europe de plusieurs longueurs. C'est du reste une aimable illusion que de croire encore que nous autres, gens du vieux continent, nous parviendrons à devenir maîtres des marchés commerciaux d'Extrême-Orient. San-Francisco est à quinze jours des ports chinois ; nous en sommes au moins à trente. En outre, tous les ustensiles, toutes les denrées de provenance américaine s'attirent rapidement la faveur des acheteurs de race jaune, parce que pour la plupart leurs qualités sont supérieures à celles des objets de même nature que nous offrons. Pour ne citer qu'un exemple nous signalerons les lampes excellentes et les poêles perfectionnés de fabrication américaine que l'on ne soupçonne même pas en Europe à l'heure actuelle, et que nous avons pu nous procurer en Chine à très bon compte, comme articles de vente courante.

réceptions ouvertes nombreuses ; on donne quelques grands bals, parmi lesquels un bal masqué ou costumé qui a lieu dans les salons du principal club.

Nous n'oublierons jamais, pour notre part, l'hospitalité que nous ont offerte les différents membres de la colonie française, notamment M. Thiébaut, notre consul, M. et Mme Arranger et M. Chapsal. Au Consulat général, à l'hôtel du Comptoir d'Escompte de Paris, à l'agence des Messageries Maritimes, nous avons certainement passé les meilleures parmi nos meilleures soirées à Chang-Haï.

Dès le jour de notre arrivée, nous avions été inscrits membres temporaires du *Chang-Haï Club*. Comme on réparait alors l'hôtel qu'il occupe, – cet hôtel appartient à une société formée entre ses membres, – le cercle allemand *Concordia* avait, pendant la durée des travaux, accordé l'hospitalité de la table et des salons aux sociétaires et invités du *Chan-Haï Club*, donnant ainsi un bon exemple de courtoisie et de confraternité.

Pourtant, dans ce dernier club, malgré les allées et venues des ouvriers, on avait laissé ouvertes les salles de lecture et le bar, et l'on pouvait reconnaître le confortable de l'installation rien qu'aux murs plaqués de marbre et lambrissés d'acajou massif.

En dehors des cercles où se joue quelquefois la comédie de salon, Chang-Haï possède un théâtre européen où, l'hiver, des troupes de passage et le A.D.C. (*Amateur Dramatic Club*) donnent fréquemment des représentations ; mais, au moment de notre séjour, ces distractions n'étaient plus de saison, et nous profitions de nos rares soirées libres pour faire connaissance avec les théâtres chinois, pour visiter les fumeries d'opium.

Du théâtre chinois rien à dire ; les visiteurs de l'Esplanade des Invalides en 1889 ont tous entendu les cacophonies qui s'échappaient du théâtre annamite, nombre d'entre eux ont même poussé l'abnégation jusqu'à entrer dans ce lieu de délices.

Beaucoup se sont figuré qu'ils avaient assisté à une reproduction exacte des divertissements dramatiques de l'Extrême-Orient. Erreur ! profonde erreur ! Les bruits incohérents, les grincements de crécelle, les viondements de gong de l'Esplanade, étaient harmonieux, les grimaces et les pirouettes des acteurs annamites étaient gracieuses, à côté de ce que l'on entend et de ce que l'on voit en Chine[97].

97. Le tapage infernal que faisait l'orchestre du principal théâtre chinois de la concession internationale était à ce point insupportable que les Chinois eux-mêmes qui demeuraient dans le voisinage ont demandé à la police d'y interdire l'usage du *gong* ou *tam-tam*. – Nous recommanderons également aux touristes, accompagnés de dames, qui désireraient assister à une partie de représentation, – il y a des pièces qui durent deux mois, – de faire prévenir l'*impresario* de leur visite. Ce dernier, toujours très aimable,

On se lasse assez vite de tout ce spectacle, d'autant plus que les personnes qui ont la prétention de connaître la langue chinoise ont beaucoup de peine à comprendre ce qui se dit et même ce qui se passe sur les tréteaux.

Le décor n'existe pas ; seuls les costumes, généralement d'une grande richesse, intéressent l'œil et font prendre patience pendant quelque temps.

Tout autres sont les fumeries d'opium. Elles sont légion à Chang-Haï, mais la plus grande est aussi la plus curieuse à visiter. Elle est située rue du Consulat.

Sur la voie publique une petite porte avec un couloir dans le genre du boyau des Folies-Dramatiques. De chaque côté tout un peuple fait haie : ce sont d'abord les petites marchandes de fruits confits embrochés sur des pailles raides, puis des vendeuses de fleurs artificielles, enfin de vieilles proxénètes entourées de leurs satellites, jeunes Chinoises assez gentilles, mais beaucoup trop maquillées,

---

s'empressera de modérer la mimique trop expressive de ses acteurs et la mise en scène de certaines situations dont M. Zola lui-même n'a pas encore osé agrémenter son répertoire. Il paraît qu'il arrive de voir dépasser l'*ancien* Kara-Gheuz d'Alger et de Constantinople. De bonnes places sont toujours réservées aux Européens ; comme aux autres spectateurs chinois, on leur apporte à tout moment des tasses de thé, – fort ordinaire, – de petites serviettes pliées comme des mouchoirs et trempées dans l'eau tiède. On peut, comme on le voit, se rafraîchir à l'intérieur et à l'extérieur.

peintes et repeintes comme des poupées de carton.

On entre dans une cour fort étroite entourée de balcons en bois de fer sculpté par les meilleurs artistes. Cette décoration ne rappelle que vaguement les découpages à la scie mécanique que l'on vend en Occident comme sculptures chinoises. La ligne géométrique est pour ainsi dire proscrite, la nature est au contraire copiée dans ce qu'elle a de plus gracieux et de moins conventionnel. Quand l'art chinois s'élève, il dépasse de cent coudées les fantaisies japonaises ; son seul tort est de ne pas être connu de nos artistes. À la fumerie d'opium de la rue du Consulat, il y a des balustrades formées d'entrelacs de branches, de fleurs et de feuillages d'une beauté merveilleuse. Les bois ont une patine de vieux bronze qui fait ressortir les finesses du travail, et les à-jours percés en plein dans des blocs de plus d'un pied d'épaisseur sont tellement nets, tellement fouillés, qu'on se demande quelle est la matière qui a pu si bien se prêter aux caprices du sculpteur.

Toutes les parois sont aussi en panneaux de bois de fer rehaussés de plats et de vases en vieux cloisonné aux tons doucement éteints, aux dorures lourdes et mates.

Chaque marche de l'escalier qui conduit au premier étage est formée par un poisson de cuivre massif, emblème de bonheur et de volupté ; la lumière blafarde des arcs électriques pénètre dans tous les recoins, profile des ombres bizarres, projette des clartés étranges, pendant que l'odeur âcre de l'opium brûlé vous prend à la gorge, vous stupéfie, vous grise. L'intérieur de cette fumerie est ce que l'on peut voir de plus caractéristique, de plus local et de moins délabré en Chine. L'impression que l'on emporte est exquise pour l'amateur qui n'observe que les murs et l'ornementation des salons. Si l'on jette un regard furtif dans les logettes où se trouvent les lits des fumeurs, on verra bien quelquefois un passionné dont la maigreur diaphane causera une véritable épouvante, mais ce sera rare, seul *l'abus* de l'opium peut émacier à ce point. Or, pour abuser de l'opium il faut être riche, et généralement les Chinois riches trouvent un meilleur emploi de leur argent.

L'opium se vend à la porte des fumeries dans de petits vases grands comme le fourneau d'une pipe occidentale ; ces récipients minuscules coûtent, contenant et contenu, environ une piastre et demie. Un tel vase peut contenir une vingtaine de pipées qui ne durent qu'un instant et reviennent environ à 40 centimes chacune. Comme il faut au moins cinq pipées pour amener l'*extase* (dose habituelle), le fumeur commence par une mise de deux francs ; il y a ensuite les accessoires, fleurs artificielles ou *vivantes*, qui décuplent ordinairement le prix du principal. Comme à chaque séance le fumeur s'octroie quatre ou cinq *extases*, à ce jeu-là les gens de condition moyenne ne tardent pas à ruiner leur bourse avant leur santé.

La confection de la pipe est tout un travail pour le fumeur d'opium. Son calumet ressemble à une flûte qui porterait au tiers de sa longueur un disque épais, bombé et percé d'un trou. Avec une longue épingle on saisit une goutte de l'opium bouilli, matière brune et visqueuse, que l'on fait boursoufler à la chaleur d'une veilleuse constamment allumée, et on applique la boulette obtenue sur l'orifice central du disque ; on perce la boulette d'un trou avec la même épingle, puis on la brûle sur la veilleuse en aspirant ; c'est l'affaire de deux bouffées. Le goût est le même que celui du chocolat. Toute l'opération doit se faire sans que le fumeur quitte la position horizontale.

En somme, l'aspect intérieur des fumeries n'est pas plus repoussant que celui de l'*Orpheum* de telle capitale occidentale, de l'*Aquarium* de telle autre. Je dirai plus : il l'est peut-être moins.

Pendant longtemps, jusqu'en 1858, Chang-Haï a été le port chinois le plus septentrional qui fût ouvert aux Européens. Son nom signifie « la haute mer », ou « près de la mer[98] ».

98. Le climat de Chang-Haï se rapproche assez de celui

Le 19 juin 1842, les Anglais y étaient venus en force pour la première fois, et s'étaient emparés de la ville chinoise. Le 17 novembre 1843, le port ayant été déclaré « port ouvert », la France[99] et l'Angleterre y établirent des concessions délimitées d'un côté par la Sou-Tcheou-Creek, de l'autre par les murailles de la ville chinoise.

Nominalement, les concessions font partie intégrante de l'empire chinois, et, tous les ans, une taxe de 1500 sapèques, soit environ 1 dollar 1/4, doit être versée au trésor impérial par chaque *meou*[100] concédé. En 1853, Chang-Haï européen eut à subir le désagréable voisinage d'une bande de rebelles qui s'étaient emparés de la ville chinoise. Cette circonstance amena la formation d'un corps de volontaires destiné à défendre les

---

de Londres, mais il est beaucoup plus humide l'été. Il n'est pas rare de voir les étoffes se piquer en vingt-quatre heures, les peaux des gants, les cuirs des chaussures et des malles se moisir en deux jours. Il n'y a d'autre remède à cet inconvénient que le moyen préventif des caisses hermétiques en fer-blanc ou mieux en zinc. Comme hygiène personnelle à observer, il sera bon de ne pas s'exposer à l'air du soir, et de veiller scrupuleusement à la nature et à la quantité des liquides que l'on absorbera.

99. En reconnaissance des services rendus par les forces françaises qui expulsèrent les rebelles qui s'étaient emparés de la ville chinoise en 1853, une longue bande de terrains située entre ladite ville et la rivière a été concédée à la France. On y a établi des docks.

100. Un *meou* équivaut à environ 625 mètres carrés.

concessions[101], et provoqua l'intervention du corps consulaire pour la perception des impôts que les autorités chinoises étaient impuissantes à faire rentrer.

Cette intervention et les heureux résultats qu'elle produisit sont à signaler, parce que c'est de ce moment que le gouvernement chinois se décida à remettre aux mains d'Européens la perception des recettes des douanes maritimes. (L'inspectorat général, dont le titulaire actuel est sir Robert Hart, comprend cependant, maintenant, des bureaux de douane aux frontières de terre, notamment aux frontières du Tonkin.) Primitivement, les douanes chinoises ne devaient compter dans leur cadre de fonctionnaires que des Anglais et des Français en nombre égal pour chaque nationalité ; actuellement les Anglais ont toujours la part large, nous n'avons plus qu'une faible quotité d'emplois remplis par des Français ; les autres postes sont confiés à des Allemands, à des Américains, à des Suédois, à des Hollandais. L'entrée dans cette carrière est assez difficile, car, les traitements des différents agents étant

101. Cette force internationale existe encore, et son organisation a été perfectionnée à la suite des massacres de Tienn-Tsinn (1870). Elle comprend actuellement environ soixante hommes d'artillerie, cinquante hommes de cavalerie, trois cents hommes d'infanterie, sous le commandement d'un major anglais. L'uniforme et l'armement sont ceux de l'armée britannique.

élevés, les demandes d'admission sont toujours nombreuses.

Le corps des volontaires de Chang-Haï compte plusieurs campagnes heureuses. Il remporta ses premiers succès, le 4 avril 1854, à la bataille connue sous le nom de « Muddy-Flat », où, sous les ordres de son commandant, devenu plus tard sir Thomas Wade, il défit complètement les rebelles qui occupaient Chang-Haï chinois depuis dix-sept mois. En 1861, lorsque les véritables Taï-Ping, ou Ta-Ping, approchèrent à leur tour de la ville, les volontaires vinrent en aide aux troupes françaises et anglaises pour les tenir à distance[102].

Cette insurrection des Taï-Ping, dont il a été tant parlé à l'époque sans qu'alors on en connût bien les causes, avait été d'abord favorisée par certains gouvernements étrangers qui voyaient dans la personne de Hong-Sieou-Tsiuann, l'instigateur de la révolte, un réformateur capable d'être accessible aux idées occidentales et d'ouvrir toute grande, par cela même, la Chine aux Européens. Cet individu, qui se faisait passer pour le frère de Jésus-Christ et s'intitulait modestement « roi du Ciel », ne répondit nullement aux espérances que l'on avait fondées sur lui. Bien qu'il eût

102. On évaluait à quatre cent mille hommes les forces des Taï-Ping. Du côté européen il n'y avait que quelques compagnies de débarquement et un régiment indien.

qualifié son règne de « grande paix » et établi sa *capitale* à Nann-King, on s'aperçut bien vite que l'on n'avait affaire qu'à un vulgaire intrigant, sans esprit de suite, sans idées larges ; ses protecteurs exotiques le « lâchèrent avec ensemble », et s'en furent même crier sur les toits que cet homme avait eu la tête tournée par l'enseignement mal compris des missionnaires protestants.

Les représentants de la France eurent le bon sens de ne pas tremper dans cette farce aussi sinistre que sanglante, puisque l'on compte par milliers les victimes de cette guerre civile et les malheureux que Tseng-Kouo-Fann, maréchal de l'empire, fit décapiter au lendemain de la répression victorieuse.

On peut cependant dire, sans altérer la vérité, que Tseng-Kouo-Fann n'avait que faiblement contribué à étouffer la rébellion. L'honneur de la mise en déroute des Taï-Ping revient à ce malheureux Gordon, qui périt plus tard pacha dans la Haute-Égypte.

Gordon avait recueilli les débris d'un corps anglo-franco-chinois formé dans le principe par deux aventuriers américains, Ward et Burgevine[103], et c'est avec ces troupes qu'il

103. Ce corps comptait parmi ses officiers plusieurs Français, parmi lesquels le capitaine Schœdelin et un ancien tambour, retour de Pékin, qui furent tous deux promus généraux chinois et comblés d'honneurs, ainsi que

porta le dernier coup à l'insurrection en prenant d'assaut Fou-Tcheou, le 27 novembre 1863.

En mémoire des officiers tombés à l'ennemi pendant cette campagne, un monument a été élevé à Chang-Haï, sur le Bund ; il est dédié à « l'armée toujours victorieuse », désignation donnée par les Chinois à la poignée d'Européens qui rétablirent l'autorité impériale dans presque toute la Chine méridionale et centrale.

De 1860 à 1865, Chang-Haï eut une garnison anglaise de trois régiments, dont deux indiens. Différents corps de troupes français y séjournèrent également à diverses reprises. C'est pendant cette période que nos soldats du Génie construisirent la route de Si-Ka-Oueï, encore bien entretenue à l'heure présente, et l'une des promenades agréables des environs de Chang-Haï.

Si-Ka-Oueï devait alors être relié à la ville européenne, d'abord par raison stratégique, ensuite parce qu'en cet endroit se trouvent des communautés catholiques importantes, notamment des maisons de la Sainte-Enfance, un pensionnat tenu par les Pères de la Société de Jésus, et différents établissements appartenant à la même Compagnie. Ces établissements comprennent un musée d'histoire

---

Gordon. Ce dernier fut même assimilé aux membres de la famille impériale, avec droit de porter la casaque jaune.

naturelle, une imprimerie, un observatoire astronomique et un observatoire sismographique des mieux installés (ces observatoires sont rares, il n'en existe que cinq ou six sur toute la surface du globe). Nous nous rappellerons toujours l'accueil bienveillant que nous reçûmes à Si-Ka-Oueï, et les savantes explications que nous donna le R. P. Dechevrens sur les instruments de précision confiés à ses soins. C'est l'observatoire astronomique de Si-Ka-Oueï qui, au moyen d'un contact électrique, donne l'heure à Chang-Haï, à la boule horaire établie aux frais de la municipalité française. On ne saurait compter également les services rendus par l'observatoire sismographique dans le signalement des typhons et tremblements de terre. Cette utile institution a déjà ainsi bien mérité des navigateurs, évité des naufrages, sauvé nombre d'existences humaines.

Les personnes qui vont par cette route à Si-Ka-Oueï peuvent en revenir par *Bubbling Well*, « le puits qui bouillonne » ; la route de traverse qui relie le puits à la mission n'est pas fameuse ; elle est rigoureusement carrossable, mais pas plus. À partir du puits, la chaussée est au contraire excellente ; on voit, à droite et à gauche, des restaurants occidentaux où vont se faire les parties fines – chinoises ou européennes, – et on rencontre de riches « célestiaux » qui viennent souvent de fort loin pour se promener dans des voitures « à la mode des barbares ».

Les *indépendantes* indigènes et exotiques ne manquent pas non plus à l'heure du « persil ». C'est très typique, très original, très animé. De temps en temps, par les champs, on voit bien quelque ancien cercueil éventré qui laisse tomber un crâne ou des ossements, mais on se fait très vite, beaucoup plus vite qu'on ne se l'imagine, à cette exposition macabre.

Une autre promenade à faire est celle de la pagode de Long-Hoa. Il faut prendre un « house-boat », déjeuner à bord, et s'arrêter dans le canal latéral le plus proche de la pagode. On fait ensuite trois ou quatre cents mètres à pied, à travers champs, par des sentiers qui rappellent furieusement les chemins de culture de la plaine Saint-Denis.

La sécurité est absolue[104] ; seuls les gamins vous importunent en mendiant, mais on s'en débarrasse facilement en leur donnant

104. Il y a un corps de police international et un corps de police français à Chang-Haï. Ces corps sont composés en partie d'Européens, en partie d'Indiens (Sikhs), en partie de Chinois. L'effectif total est d'environ cinq cents hommes, qui suffisent parfaitement à maintenir l'ordre dans une communauté qui compte plus de cent cinquante mille habitants indigènes et étrangers. Les concessions ont été dans la nécessité de conserver les moyens de répression chinois. C'est ainsi que l'on peut voir, dans leurs prisons, des voleurs avec la cangue. Il est vrai que c'est une cangue *tempérée*, car les patients ne la portent que quelques heures par jour.

quelques sapèques, dont on devra emporter une ou deux ligatures. La pagode est en dehors du temple, elle est à sept étages. Moyennant une faible rétribution, un des bonzes, ou un de leurs domestiques, vous y laissera monter sans difficulté ; l'escalier est en assez mauvais état, mais pourtant solide. Les murs sont couverts d'inscriptions plus ou moins spirituelles dans tous les idiomes connus. À la dernière plate-forme on a une assez jolie vue sur la campagne, sur l'arsenal du Kiang-Nann, dont on découvre les grandes cheminées d'usine, et aussi sur le port chinois de Chang-Haï, que l'on a traversé en remontant la rivière et dont on voit les innombrables jonques serrées obliquement, le long des quais, les unes contre les autres.

Le jour où nous fîmes cette excursion, nous fûmes reçus par les bonzes d'une façon très débonnaire ; ils nous montrèrent leurs génies peinturlurés sur toutes les coutures des couleurs les plus éclatantes. Tous ces génies font d'horribles grimaces. Au pied de chacun d'eux se trouve un brûle-parfums rempli de cendre ; les pèlerins viennent y planter des baguettes de sciure odorante et s'abîment en prosternations. Nous ne les dérangeons nullement, paraît-il, car c'est à peine s'ils nous regardent[105]. Au

105. Toutes les populations de la Chine centrale et septentrionale sont excessivement douces. Je suis sorti à toutes

milieu du temple, trois bouddhas accroupis, belles statues de bronze mesurant bien trois mètres de haut : O-Mi-To-Fou (première incarnation), Sa-Kia (fondateur de la religion), Mi-Lo-Fou (le messie bouddhique).

Devant ces statues, des brûle-parfums en bronze d'au moins deux mètres. Le métal n'est pas bien venu à la fonte ; il est plein de gerçures ; les ornements en relief sont assez médiocres. En avant des brûle-parfums, un tronc pareil aux anciennes bouches d'égout – une grille, et, sous la grille, un entonnoir. Les bonzes nous remercient des oboles que nous y jetons.

En nous reconduisant un des gamins qui nous font cortège tombe à l'eau ; personne ne vient à son secours[106]. Je l'empoigne par ses vêtements et le dépose ruisselant sur la berge en lui donnant une piécette d'argent. Il la regarde curieusement et s'enfuit tout content. Nous nous éloignons en pressant le pas, car ses compagnons seraient capables de se jeter à la rivière pour profiter de la même aubaine.

---

les heures du jour et de la nuit à Chang-Haï, à Tienn-Tsinn et à Pékin, je n'ai jamais eu à me plaindre des habitants. Je n'aurais pas la même confiance dans les populations du sud ; les méridionaux de tous les pays sont du reste partout les mêmes, des enfants terribles et parfois dangereux.

106. C'est un préjugé assez singulier parmi les Chinois que celui de croire que secourir ceux auxquels arrive un accident de ce genre peut porter malheur.

Nous eûmes encore l'occasion de faire divers déplacements autour de Chang-Haï ; dans une tournée nous visitâmes deux forts et l'arsenal du Kiang-Nann.

Ces visites officielles étaient précédées d'une demande d'autorisation et de l'envoi de nos cartes chinoises, grandes bandes de papier rouge ornées de nos « caractères » respectifs[107].

Les personnages que nous allions voir nous renvoyaient leurs cartes en nous indiquant l'heure à laquelle ils pourraient nous recevoir. Nous avons toujours trouvé une hospitalité courtoise assaisonnée d'un lunch composé invariablement de thé, de gâteaux, et de l'inévitable champagne de provenance allemande, dont on trouverait des dépôts, je crois bien, jusque sur les plus hauts sommets des Tienn-Chann.

L'arsenal du Kiang-Nann est bien installé il comprend des fonderies d'obus, des poudreries, une fabrique d'armes où l'on construisait très convenablement des fusils Lee.

L'outillage en machines est excellent : il y a un tour parallèle qui n'est pas sans importance. Dans une grande salle on nous montra les canons que notre flotte avait coulés bas à

107. La dimension du papier et des caractères a une certaine importance. Il ne faut employer ni des caractères trop grands, ce qui serait d'une humilité exagérée, ni des caractères trop petits, ce qui deviendrait de la jactance. *In medio stant mores.*

Fou-Tcheou. On les avait repêchés en assez bon état pour que j'aie pu en manœuvrer les culasses. Ces canons étaient du système Krupp, mais pas du dernier modèle.

Partout, dans l'arsenal, des rails reliant les bâtiments entre eux et à une voie ferrée établie le long de la rivière.

Enfin, dans une construction séparée, une machine Corliss d'environ 120 chevaux ; le tout en parfait état et paraissant très bien dirigé. La visite que nous fîmes ensuite au commandant d'un fort voisin[108] nous permit de voir manœuvrer des soldats chinois. Les mouvements sont très différents de ceux qui sont adoptés dans les armées européennes.

Le demi-tour, et même le *tour entier*, sont fréquemment exécutés. Les hommes se livrent ainsi à des pirouettés qui ne sont pas sans causer quelque surprise quand ils les font sans armes, mais qui deviennent stupéfiantes quand ils couchent le fusil en joue.

À notre arrivée et à notre départ, salves d'artillerie, marrons, crapauds, pétarade générale et continue.

Nous rentrâmes ce jour-là par la ville chinoise. Nous étions en chaise, les porteurs

108. Ce fort ou campement fortifié avait comme défense une enceinte rectangulaire en pisé peint à la chaux, muraille peu épaisse, peu solide. Cette clôture ne pouvait avoir qu'une valeur de parade.

ayant la livrée du Consulat, bleue à liséré tricolore. Ils marchaient un train d'enfer, bousculant les passants qui tardaient à se ranger, et je ne pouvais qu'admirer l'impassible insouciance des gens heurtés et quelquefois renversés. Les rues sont tellement étroites que les chaises en frôlent presque les deux côtés. Pour nous faire place on se garait dans les boutiques. Pas un cri, pas un mot, si ce n'est le hurlement de nos porteurs, chaque fois qu'ils tournaient à un angle.

En dépit de l'originalité réelle des choses que nous observons, nous éprouvons une vraie satisfaction à sortir de l'atmosphère lourde de la cité chinoise et à en franchir les remparts.

Quand les chaises nous déposeront à la porte du Consulat général, nous serons d'autant plus heureux que les jambes finissent par s'engourdir à conserver l'immobilité absolue dans l'étroit étui qui les emprisonne.

Quelques jours plus tard nous allâmes visiter le fort de Vou-Song ; nous avions demandé l'autorisation non seulement pour nous, mais aussi pour Mme Walewska et pour ma femme. Le guerrier qui nous fit les honneurs de son camp fut très gracieux ; notre présence ne paraissait l'incommoder en aucune façon, trop peu même, car il se livra devant nous à des exercices de toilette qu'il eût été préférable de reculer de quelques instants. Ne sachant comment être agréable aux dames qui nous accompagnaient, il leur proposa, prévenance peu commune, de tirer le canon.

À cet effet, nous nous dirigeâmes vers une batterie armée de formidables Armstrong ; je suppliai alors qu'on ne se servît que d'étoupilles, moins pour éviter un trop grand tapage à des oreilles délicates que par crainte de voir dégringoler sur nous ces pièces géantes dont les plates-formes ne paraissaient rien moins que solides[109].

Entre temps je demandai au commandant du fort de faire sonner les *tubas* qui reposaient sur leur pavillon un peu partout dans le camp. Je ne sais à quoi attribuer l'hilarité des soldats qui embouchèrent ces trompettes et en tirèrent des sons piteux, mais ils riaient si fort qu'ils pouvaient à peine souffler. Cette hilarité inattendue était tellement comique qu'elle devint bientôt générale.

L'impression que laissent les troupes et l'organisation militaire dans cette partie de la Chine n'est pourtant pas mauvaise ; mais il n'y a pas d'unité dans l'armement, ce qui fait

109. Ces canons étaient du système le plus étonnant que j'aie jamais vu. C'étaient des pièces à fausse culasse, c'est-à-dire que l'étoupille seule se chargeait par la culasse, la charge et le projectile s'introduisaient par la gueule.

Le fort de Voù-Song n'était pas beaucoup mieux défendu que les forts de l'intérieur. La pauvreté de la terre, – mauvais sable d'alluvion, – et le manque de pierres rendent très difficile la construction d'ouvrages de défense durables et résistants.

supposer qu'il n'y en a pas davantage dans le commandement[110].

Avant de quitter Chang-Haï nous avions désiré goûter à la cuisine chinoise, et, dans cette intention, nous avions commandé un dîner dans l'un des grands restaurants indigènes de la concession internationale. Je donnerai la composition de ce repas avec appréciations personnelles sur chacun des plats qui y furent servis.

MENU

Nids d'hirondelles.	Potage que j'aurais pris pour du tapioca si je n'avais pas été prévenu.
Ailerons de requins.	L'aspect des arêtes de la raie, le même goût que le croquant de veau. C'est mangeable.
Canard rôti.	Identique aux canards à l'européenne.
Crevettes frites.	On peut en essayer à bon compte, c'est assez agréable.
Pousses de bambou.	Fausses pointes d'asperges qui se rapprochent beaucoup des pousses de houblon que l'on sert en Belgique.

110. Les quatre corps de troupes qu'il m'a été donné de voir étaient armés de fusils de quatre modèles différents : Lee, Mauser, Gras, Remington. L'uniforme est bleu avec bordure orange ; la coiffure consiste en une espèce de turban noir qui se rapproche de celui des Annamites.

Œufs de vanneau[111].	La friandise de M. de Bismarck. J'aime mieux les œufs de bonne poule fermière.
Compote de graines de nénuphar à la fleur d'oranger.	C'est indiciblement mauvais. On croirait croquer des graines de melon.
Poulet sauté aux champignons.	Ne diffère en rien comme accommodement de ceux que l'on prépare en Europe.
Cochon de lait à la tartare.	Le *drap d'or* normand, pas autre chose.
Court-bouillon d'amandes.	*Vulgo* « orgeat » ; quelle drôle d'idée !
Biscuit.	Le gros biscuit spongieux qui cause tant d'indigestions en province.
Vol-au-vent à l'étouffée.	Des croquettes médiocres, pâte non frite ; horriblement lourd et insipide.

En guise de pain, des graines de pastèques, des amandes, des noix sur des soucoupes minuscules à portée de chaque convive.

Quant aux vins ! épouvantables ! À proprement

111. On sert quelquefois ces œufs durcis et en quartiers découpés. Le jaune est devenu brun et gélatineux, le blanc est verdâtre. On a répandu la légende que ces œufs ainsi préparés étaient pourris. C'est inexact : l'œuf a subi une transformation chimique par un séjour prolongé dans un bain de chaux, mais il n'offre pas de trace de décomposition. C'est seulement fort peu appétissant et très fade, comme la plupart des préparations culinaires chinoises.

parler, ce ne sont pas des vins, mais des alcools plus ou moins rectifiés, plutôt moins que plus.

On les sert tièdes dans des tasses microscopiques. La palme revient à un certain cru de Fou-Chéou qui, par la couleur, tient à la fois du baume du Commandeur et de la vieille huile de quinquet. Au goût, c'est exécrable. Nous l'avions baptisé *Château-Laudanum*, encore est-ce faire injure à la liqueur de Sydenham que de l'y comparer.

Une lampée de ce nectar vous rend absolument malade. Et il suffit de quelques gouttes de *sann-chao* (eau-de-vie de riz à 70°) pour vous achever. Si sobre que vous soyez, le premier festin chinois vous vaut ordinairement un *katzenjammer*[112] de huit jours.

112. Petit malaise familier aux étudiants allemands, et beaucoup plus perfectionné que notre « mal aux cheveux » français.

IX

Peu de temps après, nous quittions Chang-Haï sur le *Kao-Ching*, de la Compagnie de navigation de l'Indo-Chine (Jardine Matheson et Cie). Le *Kao-Ching* a de 90 à 100 mètres de long ; sa forme est un peu lourde, c'est un navire ventru du genre des *cargo-boats* ; il n'est pas de marche ultra-rapide, mais tient bien la mer et passait pour le meilleur et le plus confortable navire qui pût faire alors la traversée de Chang-Haï à Tienn-Tsinn. Son commandant, M. Balburnie, originaire d'Écosse, était un manœuvrier des plus habiles, gentleman d'une tenue irréprochable et d'un commerce charmant. Je fus deux fois son passager, deux fois j'eus à me louer de son tact, de ses manières, de son humeur.

Les cabines du *Kao-Ching* étaient peu nombreuses, huit seulement, mais elles étaient larges, commodes, et, je dois l'avouer, bien supérieures comme disposition à celles des

Messageries Maritimes. Une salle de bain tout en marbre séparait chaque paire de cabines. Les couchettes étaient spacieuses, la table excellente.

Nous avions à bord le ministre d'Espagne, M. Rodriguez y Munos, son second secrétaire, le comte Llorente[113], M. et Mme Fitz-Henry, du Comptoir d'Escompte de Paris, et M. Fauvel, inspecteur des Messageries Maritimes[114].

Nos deux premiers jours de voyage furent très durs, si durs que Llorente se prenait à regretter son bon temps de Madrid et affirmait qu'une seule carrière était plus « amère » que la diplomatie, à savoir : la marine. Les autres passagers n'étaient en veine de confidences qu'avec les flots. Au bout de trois jours la mer se calma, nous arrivions en rade de Tché-Fou, Yenn-Taï pour les Chinois. Cette délirante localité a été sacrée « plage du *high-life* » par quelques Anglais qui prendraient des bains de mer jusque dans la bourbe. Un ménage européen y résidait alors en permanence, le ménage Fergusson ; aussi M. Fergusson jouissait-il de

113. Le premier secrétaire de la légation d'Espagne était alors M. de Onis, le doyen des secrétaires d'ambassade du monde entier. Il avait ce grade depuis 1832.

114. Le Député-Envoyé extraordinaire, M. Constans, sa famille, son secrétaire particulier M. Le Doyen, notre aimable premier secrétaire M. Fernand Souhart, nous avaient devancés et étaient déjà installés à Pékin. M. et Mme Walewski, remontant le Yang-Tzeu-Kiang, étaient partis en voyage à l'intérieur.

l'unique et inappréciable prérogative d'être agent consulaire de tous les pays du monde. Tous les drapeaux de l'univers se sont promenés sur la drisse de son mât de pavillon ; peut-être bien s'y promènent-ils encore.

Cette situation est certainement la curiosité principale de Tché-Fou, qui jouit encore de la présence fréquente d'un nombre respectable de navires de guerre de toutes nationalités. On peut y voir des frégates qui s'installent là comme chez elles et qui y font des séjours d'une durée ridicule.

Au moment où nous entrons en rade, nous rencontrons une flottille chinoise, canonnières à l'européenne ; elle escorte le navire d'un personnage de rang élevé, à en juger par le déploiement de troupes que l'on observe sur le rivage. Il peut y avoir, formant la haie, huit cents hommes, dont cinq cents au minimum sont porteurs d'immenses drapeaux bariolés en bandes horizontales. Ces drapeaux sont agités frénétiquement quand le grand personnage débarque, salué de feux de mousqueterie exécutés sans aucun ensemble.

On nous propose de descendre à terre, mais, comme l'escale n'est que de quelques heures, nous déclinons l'invitation. Tché-Fou, du large, offre du reste autant de ressemblance avec un port chinois que Saint-Valery-en-Caux. Il y a bien une espèce de tour carrée qui domine la ville et qui cherche à se donner un air d'architecture locale ; elle n'y parvient pas. Tout le placage de constructions européennes qui décore (?) les quais écrase cette malheureuse tour et la fait passer pour une fantaisie que se serait payée un amateur de province sur les conseils d'un jardinier paysagiste.

Un de nos compagnons de route devine sans doute les réflexions que me cause cette contemplation, car il s'approche et me dit :

« Vous vous étonnez de trouver encore ici de telles maisons. On s'étonnera bien plus dans quelques années. Nos types d'habitations satisfont beaucoup les Chinois. Certains d'entre eux s'enhardissent et commencent à les adopter pour eux-mêmes, abandonnant le plan invariable de l'ancienne demeure chinoise si semblable à l'antique maison romaine par sa disposition (*atrium*, gynécée, etc., etc.). Les dieux s'en vont.

— Et à Tienn-Tsinn ?

— Oh ! à Tienn-Tsinn, c'est encore mieux ; c'est comme à Chang-Haï, il y a toute une ville occidentale. Pékin même, dernier refuge, sanctuaire suprême des rites et de la tradition, Pékin possède des maisons à étages. C'est un cousin de M. de Bismarck qui a fait bâtir la première ; la légation d'Angleterre a construit la seconde ; on n'a rien osé dire. Les dieux ne reviendront plus. »

Ce départ définitif des dieux paraissant me

faire un médiocre plaisir, mon interlocuteur ajoute :

« Consolez-vous, ils ont laissé des traces ; ce ne sont guère que des vestiges, mais à Pékin, sous la poussière, vous pourrez encore par l'imagination suppléer aux couleurs du décor dépeint, la trame reste. L'ambiant pékinois est un vaporeux Puvis de Chavannes qui se médite avant d'être compris. »

Le lendemain, très tôt dans la matinée, nous stoppons. Quelques péniches nous entourent. Nous sommes évidemment près de terre ; en vain je cherche l'ombre d'une rive ou d'une côte : on me montre une bande jaune, mince et très longue, qui se confond soit avec le ciel, soit avec la mer. C'est l'embouchure du Peï-Ho.

Depuis la veille nous sommes dans le golfe du Pé-Tché-Li, golfe presque circulaire dont les deux extrémités sont ornées maintenant de ports militaires.

L'un au nord : Port-Arthur, aménagé par des ingénieurs français ; l'autre au sud Oueï-Haï-Oueï, confié à l'art de constructeurs allemands.

Le centre de la défense est à Ta-Kou, hérissé de redoutes mieux comprises que celles de Chang-Haï. J'ai compté, dans leurs embrasures, plus de quarante pièces de très gros calibre, – la plupart des Krupp.

On les distingue de loin, ces redoutes, car, pendant que le *Kao-Ching* s'efforce d'avancer

dans la vase liquide qui remplace l'eau de mer dans ces parages, on commence à voir se dessiner nettement les crêtes des talus militaires.

Nous n'avançons pas vite. Sur le flanc du bateau, dans une espèce de guérite, un homme jette la sonde à chaque instant. Il crie, en examinant les nœuds (pieds) de la corde *sixteen, fifteen, fourteen, thirteen,* 13, c'est notre minimum ; si nous arrivons à 12, nous sommes frais. Nous allons en être réduits à triturer la bourbe avec notre hélice comme notre voisin, un navire de la Compagnie chinoise, qui, enlisé depuis vingt-quatre heures, n'a pas avancé de dix mètres. Il faudra alors attendre une nouvelle marée, sans autre distraction que celle de contempler la mare de café au lait qui nous entoure et le profil lointain des fameuses redoutes.

Très heureusement notre commandant est habile, il nous a fait prendre la bonne passe ; le sondeur, un quartier-maître malais, crie de nouveau : *sixteen, seventeen, twenty,* 20. Nous avons franchi la barre, le *Kao-Ching* reprend sa fière allure et pénètre dans ce que j'appelle la Seine chinoise, autrement dit le Peï-Ho.

Le Peï-Ho est, en effet, comparable à la Seine, c'est le même serpent avec les mêmes trois villes.

Pékin[115] : Paris ;

115. Pour ne pas contrarier les puristes, je concède que

Tienn-Tsinn : Rouen ;

Ta-Kou : Le Havre.

Ce sont des équations approximatives, mais c'est seulement pour fixer des points.

La *Seine chinoise* est jaune, d'un jaune uniformément et constamment sale. Malgré les nombreux égouts qui s'y déversent, notre Seine française est limpide en comparaison de sa sœur chinoise ; en outre, elle a l'avantage de serpenter dans une vallée qui n'est pas trop déplaisante, tandis que le Peï-Ho coule en pays plat, creusant son lit en rongeant incessamment ses rives comme ces petits ruisseaux qui sillonnent les plages à marée basse.

Chaque jour la rivière se comble ; elle ne se nettoie un peu qu'au moment des crues d'été, quand elle roule en torrent, entraînant à la mer le sable qui envahit tous les ans davantage le golfe où elle se jette.

Croire que remonter un pareil cours d'eau est une bagatelle serait se tromper étrangement. Les gros vapeurs comme le *Kao-Ching* ont la plus grande peine à atteindre Tienn-Tsinn, et il leur arrive souvent des aventures dont la moindre est de faire volte-face ou de se mettre en travers de la rivière. Il y a, en ce cas, inondation partielle des champs d'alentour, et

---

Pékin n'est pas, à proprement parler, sur le Peï-Ho, mais la distance qui l'en sépare n'est pas si grande qu'elle vaille la peine de chicaner.

les berges se mangent avec rapidité. Profitant des érosions qui lui donnent un plus grand bassin, le navire continue allègrement sa route jusqu'au moment où un peu trop lancé il va faire charrue dans un champ de choux et en envoie tout un lopin dans le Peï-Ho. Ce labourage nautique se produit à chaque voyage non pas une, mais dix fois. En persévérant avec application dans l'emploi de cette nouvelle méthode de dragage, les compagnies de navigation, chinoises aussi bien qu'européennes, finiront *peut-être* par obtenir l'élargissement et l'approfondissement de la rivière, que les autorités chinoises refusent avec une obstination qui tient de l'acharnement.

Ta-Kou. – Cinq maisons européennes, naturellement ; le contraire m'étonnerait. Fortifications féroces. Canons, gros canons. Quelques jonques de police armées à l'avant d'un Krupp de 4. Les équipages desdites jonques, au moment où nous passons, astiquent avec fureur les bagues de culasse, qui sont démontées et qui reluisent comme de l'argent.

Nous pataugeons péniblement pendant une heure. Village chinois. Les constructions sont en terre battue ; muraille, sol, toit, tout est en terre battue. Des adolescents autochtones pérégrinent en costume adamique avec une désinvolture qui n'a d'égale que leur saleté. Ils sont littéralement couverts de crasse. Les adultes,

mais principalement les femmes, poussent la condescendance jusqu'à porter quelques vêtements.

Première entrée du *Kao-Ching* dans un champ de choux. La terre est tellement mollasse que nous ne sentons même pas le choc de l'échouage.

À quelque distance est un pieu ; on descend y enrouler une corde, on tire dessus, nous voilà repartis. C'est d'un primitif incroyable. Encore un coude, rudement court celui-là. Par tour de force, nous le franchissons sans encombre. Ce succès nous grise, nous marchons beaucoup trop vite.

Deuxième entrée du présomptueux *Kao-Ching* dans un deuxième champ de choux[116]. Son éperon en détache tout un coin qui s'en va à vau-l'eau. Imprécations du propriétaire, présent à point pour assister à cette manœuvre.

De tous côtés le pays est plat comme une table de marbre. Pas d'arbres, une végétation uniforme, des myriamètres carrés de jardins maraîchers à perte de vue. Ce spectacle n'a rien qui charme.

« Arriverons-nous au moins ce soir à Tienn-Tsinn ? demandons-nous au commandant.

116. Ce genre de chou est d'une ressource inappréciable pour les Chinois. On mange ses feuilles cuites où en salade, et sa racine en ragoût, – ressemblance lointaine avec le céleri-rave.

— Cela dépend », nous répond-il.

De désespoir, Llorente et moi nous reprenons notre série de besigue chinois un jeu de circonstance.

La nuit tombe. Nous allons être contraints de stopper. Non. Heureusement nous sommes trop près du but. Le dîner sonne ; avant qu'il soit fini nous serons à quai.

La table est bien garnie, pas un convive ne manque à l'appel. Les visages radieux expriment la satisfaction de tous à retrouver le plancher que chacun sait.

Les commandements qui se croisent, les coups de sifflet répétés, l'hélice qui s'arrête, autant d'indices de notre arrimage. Les amarres ne sont pas encore fixées que le *chef-boy* (1er maître d'hôtel) me remet trois cartes cornées.

« Un gentleman vous attend dans le couloir[117] », me dit-il.

Je quitte aussitôt la table, et suis quelque peu interloqué de me trouver vis-à-vis d'un

117. Dans ce couloir, qui précède le salon, s'étale un magnifique râtelier de *sniders* et de piques toujours, en cas de révolte des passagers chinois ou en cas d'une attaque de pirates. Le commandant, en pareille occurrence, dispose en outre d'une artillerie spéciale, mais très meurtrière, à savoir deux prises de vapeur qui rôtiraient un et même plusieurs hommes en quelques secondes. Ces bonnes mesures de précaution causent cependant une certaine impression quand on vous les énumère complaisamment.

monsieur en très correcte tenue de chasse à courre.

Ô Chine de mes rêves ! Chine barbare ! Chine des magots et des grosses potiches ! as-tu donc été rejoindre les neiges d'antan ?

Ce n'était pas assez de me montrer tes rues à trottoirs asphaltés et à pavés de bois, tes poteaux téléphoniques et ton éclairage électrique, alors à peine soupçonné à Paris. Non, il faut encore que, sur tes rives hospitalières, le premier ami qui me serre la main soit botté Chantilly, en habit rouge, la cape en tête. Je crois entendre crier « tayaut ». Et le monstre ajoute :

« Excusez-moi, très cher, cette tenue... j'arrive du *rallye*. »

Maintenant cela m'est égal. Je m'attends à tout, même à rencontrer Confucius en vélocipède.

Grâce aux soins obligeants de mon excellent ami et ancien collègue, M. Bons d'Anty[118], nous trouvons toute préparée une installation des plus confortables. C'est M. R.-M. Brown, de la maison Russell et Cie, autres princes marchands concurrents des Jardine Matheson, qui veut bien nous offrir la plus large hospitalité[119].

Par large, il ne faut pas entendre seulement

118. Actuellement titulaire du poste de Long-Tcheou.
119. Les grandes maisons de Chine ont conservé pour

la chose au figuré, mais aussi au propre. Je suis hypnotisé par les dimensions du lit qui nous est destiné. Il mesure trois mètres cinquante de long sur quatre mètres de large. Quel contraste avec les couchettes de cabine ! Ce meuble imposant occupe presque toute la chambre et est entouré d'une large moustiquaire bordée sous les draps.

L'entrée dans ce buen-retiro n'est pas toujours des plus commodes. Notre amphitryon nous fait avec l'humeur la plus cordiale les honneurs de sa table et nous présente à deux autres de ses hôtes : M. le juge Denny et mistress Denny. M. Denny est Conseiller privé, premier ministre du Roi de Corée. Il est venu à Tienn-Tsinn voir Son Excellence Li-Hong-Tchang, Vice-Roi du Tché-Li, et l'un des principaux piliers du trône impérial, pour faciliter le règlement de certaines affaires coréennes.

Le lendemain, visite officielle à notre consul, M. Ristelhueber, et à Mme Ristelhueber, à M. et à Mme Bons d'Anty. Accueil très gracieux au consulat comme chez tous les membres de la colonie française, assez nombreux à Tienn-Tsinn cette année-là.

Le traité Cogordan a eu, en effet, pour conséquence de décider le Comptoir d'Escompte

---

les personnes qui leur sont recommandées des traditions véritablement écossaises.

de Paris et un syndicat connu sous le nom de Syndicat du Creusot, à venir faire des offres de service à la Chine et lui fournir les moyens les plus expéditifs pour se mettre au niveau des puissances civilisées dans l'art de démolir l'humanité. Rien ne manque à la collection. On tient tous les articles canons, mitrailleuses, fusils, locomotives, ballons, etc. Les ballons ont déjà séduit les Chinois. S. E. Li-Hong-Tchang vient d'en commander six. Le Vice-Roi n'y va pas de main morte quand il s'y met.

À l'encontre du Syndicat du Creusot, le Comptoir d'Escompte a eu le désir de faire grand, et il a fait énorme. Dans le quartier neuf de la concession française, un bâtiment gigantesque s'élève qui se rapproche, par le plan et les dimensions, de la préfecture de Versailles. Cet édifice n'est pas encore achevé, aussi les membres de la mission industrielle et commerciale du Comptoir sont-ils installés à *l'Hôtel du Globe* (*Globe Hôtel*), qu'ils ont monopolisé à leur profit. Avec ses larges corridors, et les inscriptions qui ornent les portes M. X*, sous-ingénieur ; M. Z*, conducteur ; – Ier Bureau des dessinateurs, etc., le *Globe-Hôtel* a tout à fait l'aspect d'une succursale du ministère des Travaux publics.

J'entre chez un conducteur qui s'arrache les cheveux de désespoir.

« Ah ! Monsieur, les Chinois ! quelles idées,

Monsieur ! quelles idées ! Imaginez-vous qu'ils m'ont demandé le projet d'un pont. Je l'ai fait, plan, coupe, élévation. Ils me le renvoient en disant qu'ils n'y comprennent rien. Il faut tout recommencer et leur faire une épure en perspective cavalière et plongeante[120] ! »

Je console le bon conducteur en le félicitant sur la légèreté et l'élégance de son pont, et en lui prédisant qu'il aura la récompense de ses peines[121].

L'après-midi nous sommes invités à une promenade à cheval au champ de courses. Nous n'avons pas de montures, et nos selles sont encore emballées.

Il est vrai qu'à l'instar de Luchon, des loueurs de chevaux se promènent sous les allées d'Étigny de la localité, autrement dit le Bund, et vous font des offres de service. Nous préférons accepter la gracieuse proposition d'un secrétaire du Vice-Roi, qui nous enverra son dog-cart !

Nous partons en bande, une vingtaine, passant par Victoria-Street ; nous traversons le

120. Les Chinois adorent cette manière de dessiner, qui n'est pas sans originalité, mais qui ne laisse pas que d'être difficile à appliquer, surtout quand on n'en a pas l'habitude.

121. Ce fut la Mission du Comptoir qui exécuta les travaux du port de Lou-Song-Kao, autrement dit Port-Arthur.

parc en suivant l'avenue du Champ de courses ou avenue Detring, du nom de l'aimable commissaire des douanes impériales qui réside à Tienn-Tsinn, et auquel on doit cette route.

Avant d'arriver aux remparts nous franchissons des rails : c'est une voie étroite système Decauville que le représentant de cette maison, M. Galy, fait installer à titre d'échantillon. On parle de cette voie, et, chose triste à dire, je constate une fois de plus qu'entre nous, Français, nous ne nous faisons pas toujours une concurrence courtoise. Les efforts d'une seule maison de commerce française devraient, il me semble, vu la rareté du fait, être aussi bien, sinon mieux, soutenus que les tentatives de grosses entreprises qui peuvent prendre un marteau pilon pour enfoncer un clou dans du beurre.

Derrière les remparts, quantité de cheminées d'usines. Tout à fait la Double-Couronne et Saint-Denis. Cela devient une obsession, d'autant plus que, de l'autre côté des murs, le pays offre le même aspect que la plaine de Gonesse, avec cette différence qu'ici (*ici*, c'est en Chine) les chemins sont mieux entretenus que là-bas.

Le champ de courses est à environ 6 kilomètres du centre de la ville. Pas de tribunes ! c'est extraordinaire ! En revanche, un pavillon rustique agrémenté de cette enseigne cabalistique : BAR. Oh ! ça y est, en trois lettres. Toute une rangée de bouteilles. *Martell, V.O.P. Cassis de Dijon. Angostura bitter*, etc.

Le jour commence à baisser, nous rentrons par le même chemin, mais nous observons un phénomène assez curieux. Tout à l'entour, les champs semblent se couvrir de givre et blanchissent à vue d'œil. Je demande l'explication de la chose, sans obtenir de réponse plus satisfaisante que celle-ci :

« C'est le salpêtre qui sort. »

En rentrant chez M. Brown, dont la résidence donne à la fois sur le quai et sur Victoria-Street (la première porte à droite sur le dessin), nous apprenons l'arrivée prochaine de l'amiral français, M. Rieunier, qui montera jusqu'à Pékin. – Quand on se rend à la capitale, on dit monter, c'est un sinologisme passé dans les langues européennes parlées en Chine. – L'amiral arrivera sur l'*Aspic,* il amènera sa musique. Toutes les imaginations partent en voyage. Il va falloir organiser un bal. Le digne M. Bromley, consul des États-Unis, vieillard resté très jeune et plein d'entrain, est prié de se mettre à la tête du mouvement.

On décide qu'une démarche sera tentée auprès de l'amiral, et qu'en cas de réponse favorable les *Kettledrums* donneront un bal dans les salons du club.

Tout est prévu d'avance : ici l'on dansera, là on soupera ; quant au buffet, on le mettra dans la Loge maçonnique attenante au club, idée peut-être bizarre, mais qui démontre bien l'enthousiasme que provoqua le projet[122].

« Ce sera la préface de nos fêtes d'hiver, qui promettent d'être joyeuses cette année. »

L'excitation était si grande qu'elle nous avait gagnés, et, bien qu'ayant la danse en horreur, je m'endors rêvant d'orchestre, de cotillon et de mille choses suaves.

Boum ! Une détonation, si formidable que je crois à une explosion dans la cour, m'arrache à ces songes dorés. D'un bond je saute à la fenêtre. La nuit est noire, personne ne bouge. Boum ! encore plus fort.

Ah çà ! on tire donc le canon la nuit dans ce pays-ci ? En voilà encore une idée ! Je regarde ma montre : une heure et demie. Allons aux renseignements.

« C'est Son Excellence le Vice-Roi qui revient de visiter la flotte allemande en rade de Ta-Kou.

— Ah ! »

Je ne puis m'empêcher de trouver ce procédé quelque peu précieux. Les coups continuent, mais en diminuant d'intensité de son,

122. Pendant cinq mois Tienn-Tsinn est bloqué par les glaces, le golfe du Pé-Tché-Li étant pris. La vie commerciale est suspendue, aussi s'en donne-t-on à cœur joie. Ce sont de vraies vacances générales. Aussi les Tienn-Tsinnois ne tiennent-ils nullement à l'ouverture prochaine du Transsibérien. Car, alors, adieu beaux jours !

car c'est le *yacht* lui-même de Son Excellence qui nous régale de cette canonnade.

Habitués à ce genre de tapage nocturne, les gens de l'endroit n'y prêtent qu'une oreille distraite.

C'est décidément très amusant.

Deux jours après, l'amiral Rieunier, étant arrivé, avait été voir S. E. Li-Hong-Tchang. Le Vice-Roi devait lui rendre sa visite dans la matinée et venir, à cet effet, au Consulat.

Sans caractère officiel à Tienn-Tsinn, je ne devais pas assister à la réception, mais je pouvais en suivre les détails à distance. Je ne manquai pas l'occasion de contempler les traits de l'homme d'État chinois le plus connu des Européens, et d'observer l'ordre et la marche de son cortège.

J'avouerai franchement que je fus un peu déçu, non pas par l'extérieur du personnage ; – la physionomie, malgré son immobilité voulue, brillait d'intelligence[123] ; le port et la marche étaient « distingués » ; la haute taille du Vice-Roi le rendait encore plus imposant. La cause de ma déception fut la composition de sa suite ; je fus scandalisé de la nonchalance et du laisser-aller des hommes de l'escorte,

123. Trois hauts fonctionnaires chinois m'ont produit la même impression : le prince King, président du Tsong-Li-Ya-Meunn, Li-Hong-Tchang, le marquis Tseng.

qui se vautrèrent pêle-mêle un peu partout dès que le maître eut pénétré dans le salon du Consulat. C'est à peine si les « tigres », – soldats à costume noir et blanc de la garde personnelle du Vice-Roi, – observèrent une contenance convenable.

Les uniformes étaient d'une propreté douteuse ; les fusils sans bretelle, mais ornés de glands de soie à la grenadière, étaient couchés n'importe où, sur une marche, dans une allée ; les hommes ne faisaient que cracher et éternuer. Le contraste était frappant entre ces troupes et le petit peloton de nos fusiliers marins qui rendait les honneurs sur les marches du perron.

Pendant ce temps la musique de l'amiral jouait la *Marseillaise* et l'air national chinois, dont voici la mélodie[124] :

Ré sol sol fa dièze sol, fa dièze sol si la si la fa dièze ré.
Ré la la sol dièze la do si do si la sol do do.
Si la la do, si si la sol fa dièze mi.
Mi fa dièze sol fa dièze sol mi si.

Le Vice-Roi sort. Les hommes d'escorte se lèvent alors de l'air empressé que mettent

124. Cet air a été composé par un Français, maître de chapelle de Li-Hong-Tchang. Les Chinois en raffolent et trouvent cette mélodie « éminemment nationale ».

certains ouvriers à rentrer au chantier, puis S. E. Li-Hong-Tchang remonte dans sa chaise verte[125].

J'aurais cru trouver un entourage plus obséquieux, voir étaler un plus grand luxe. Le Vice-Roi est entouré d'une simplicité relative. On m'explique que cette simplicité est politique, que le déploiement de trop de richesses serait mal vu en haut lieu et dénoncé par les ennemis que ne manque pas d'avoir tout homme de valeur. On me rappelle enfin cette réponse de Li-Hong-Tchang à un consul le pressant d'intervenir auprès du Tsong-Li-Ya-Meunn (commission des affaires étrangères) et d'aller jusqu'à Pékin pour faire triompher ses idées : « Je n'ai pas une telle opulence que je puisse fréquemment monter à la capitale. »

On prétend qu'un tel voyage, – la distance de Paris à Rouen, – revint, une fois, au Vice-Roi, à la modeste somme de 1 600 000 francs. On est tenu de faire, en pareille occurrence, un cadeau agréable à l'Empereur. En la circonstance, le Fils du Ciel ou ses conseillers firent comprendre que la réparation des cours et des allées de la Porte impériale serait bien

125. À Pékin, seuls les plus hauts fonctionnaires de l'empire ont droit à cette couleur pour leurs chaises, à tel point que le marquis Tseng ne le possédait pas. Dans les provinces, l'étiquette est moins rigoureuse. Après la chaise verte, vient la chaise bleue. La chaise blanche correspond à nos voitures de deuil.

accueillie. Cela représentait quelques hectares à paver en dalles de granit d'environ un mètre sur deux. L'addition fut salée, mais pendant quelques années tout un coin de Pékin restera bien pavé. (Cela pourrait durer éternellement si l'on savait ménager l'écoulement des eaux, mais les Chinois actuels, contrairement à leurs ancêtres, qui avaient établi un admirable système d'égouts à Pékin, ne tiennent aucun compte des pentes nécessaires ils pavent partout au niveau absolu.) En dehors du cadeau à l'Empereur, il y a les *donatives* aux courtisans en faveur. Quand on fait le compte, on finit par trouver que la somme indiquée n'a rien d'exagéré, sauf pour celui qui doit la débourser.

Le bal des *Kettledrums* eut lieu, très réussi, très animé, suivi d'un souper assis où les toasts commencèrent par le fameux chant :

For he is a jolly good fellow,

entonné en chœur par toute l'assistance.

Ma femme, qui se ressentait encore des fatigues de deux traversées pénibles, ne put y assister, mais exigea que j'y fusse présent.

À ce propos, je veux remercier ici, pour ses bons soins, notre médecin, le Dr Irwin[126],

126. En Chine, les médecins ont l'habitude de s'associer

praticien discret, au diagnostic sûr, à la parole réconfortante et rassurante, toutes qualités que l'on apprécie encore davantage lorsque quelques mille lieues vous séparent du foyer.

Nous avions retenu, pour « monter » à Pékin, le *house-boat* de la douane, petit bateau assez bien aménagé qui constituait le moyen de transport le plus confortable entre Tienn-Tsinn et Tong-Tcheou. Mais, l'amiral Rieunier devant faire le même voyage, nous lui cédâmes nos droits d'autant plus aisément qu'aucune date précise ne m'avait été fixée pour rejoindre mon poste.

Nous comptions profiter des quelques jours que nous passerions à Tienn-Tsinn pour visiter la ville chinoise et faire quelques promenades aux environs.

Je fus seul à pouvoir aller un matin fureter dans les boutiques. La cité, – c'est ainsi que les Européens des concessions appellent presque toujours les agglomérations chinoises qui ne se sont pas fondées, mais développées autour de leurs résidences, – diffère entièrement des villes chinoises du centre et du sud. Les rues n'y sont pas étroites et couvertes, mais relativement larges et aérées. Par contre,

deux ou plusieurs ensemble. Ils font chacun une saison de deux ou trois ans, et viennent, pendant une période égale, se reposer en Europe.

l'animation y est modérée, la population moins active.

Aucun monument, aucun édifice digne de remarque, mais par-dessus les toits quantité de fils télégraphiques se croisant ; il y avait déjà un réseau téléphonique à Tienn-Tsinn. Les fils et les poteaux étaient comme ceux du télégraphe, très respectés, parce qu'en dessous de chaque isolateur on pouvait lire ce petit avis : « Tout individu qui détruira ou endommagera les lignes télégraphiques sera puni de mort. » Presque partout des murs blancs ; peu de magasins.

Les souvenirs les plus « locaux » que l'on peut emporter de Tienn-Tsinn sont les statuettes en argile pétrie, peinte, mais non cuite. Les têtes des figurines sont surtout remarquablement faites, elles sont seulement *très fragiles*. Si l'on peut ainsi se composer en Chine, à bon compte, une collection des différents types, des différents costumes, principalement de ceux portés au théâtre, on ne peut guère espérer la rapporter intacte en Europe. Dans quelques magasins on vous offre également des groupes dus à l'imagination sadique d'un polisson quelconque. Ces ordures sont généralement renfermées dans une fausse reliure soignée qui les fait prendre en main comme un livre de prix[127].

127. Cette précaution est un indice à recueillir pour

On peut aussi se procurer de bons tapis épais et très chauds, en poil de chameau ; la meilleure teinte de fond à choisir est la teinte naturelle, c'est-à-dire *cachou*.

Enfin, si l'on a le goût du bric-à-brac, on pourra trouver quantités de montres anglaises du siècle dernier, nombre de colonnes Vendôme et de portraits de Napoléon Ier (on prétend que les bouddhistes considèrent le grand Empereur comme une des incarnations de Bouddha), des stocks de tabatières en matière noire analogue à l'ébonite et portant sur le couvercle des vues de monuments de Paris construits sous le règne de Louis-Philippe, des quantités d'astrolabes, toutes sortes de choses qu'il est extrêmement curieux de voir s'échouer là et qui ne sont vendues qu'à prix d'or.

Ne cherchez pas à acquérir des objets de curiosité chinois, vous n'en trouveriez pas, ou vous resteriez des semaines sans en voir un.

---

constater que sous ce rapport, les Chinois se distinguent absolument des Japonais. En Chine, le sentiment de la pudeur existe très développé, si développé que, de mémoire d'homme, on n'a jamais eu à constater un suicide de femme par la pendaison. Jamais non plus, il ne serait venu à l'idée des Chinois d'organiser des cérémonies publiques aussi grotesques que la célèbre procession des phallus au Japon. Les habitants de l'Empire du Soleil levant trouvent la pornographie toute naturelle ; c'est pour eux, selon la forme qu'elle revêt, une sorte d'art, une espèce de littérature dont les productions doivent se donner de l'air librement, sans la moindre gêne ni la plus petite contrainte. Il n'en est pas de même en Chine.

C'est trop près de Pékin ; toutes les bonnes pièces vont chez les antiquaires de la grande ville, tant il est vrai que rien ne ressemble plus aux habitudes d'un peuple que celles d'un autre peuple.

Nous attendions patiemment le retour du *house-boat* que l'amiral devait nous renvoyer sitôt arrivé, quand un matin je reçus l'ordre de partir immédiatement.

Les quatre-vingts colis[128] que nous étions, hélas ! obligés d'emporter, car nous avions été charitablement avertis que nous ne trouverions dans notre résidence de la Légation que les quatre murs, étaient heureusement partis en avant sous l'escorte de notre *boy*. Nous n'avions à nous occuper que des bagages personnels, encore fallait-il trouver un bateau capable de nous porter nous et nos malles.

Je m'adressai à la compagnie de batellerie qui se charge du transport des fonctionnaires indigènes, et j'obtins une sorte de gondole avec une cabine de 4 pieds sur 6 et de 5 pieds de haut, avec une arrière-cabine pour les domestiques chinois, cuisinier et coolie (homme de peine). Nous eûmes de plus la chance de pouvoir compter sur le *steam-launch* de la

128. Je dois m'empresser d'ajouter qu'ayant fait tout ce voyage à mes frais, aller et retour, je n'ai pas fait tort d'un centime au Trésor national.

douane, petite chaloupe à vapeur bien installée, moins pratique pourtant que le *house-boat*. Un résident de Tienn-Tsinn, M. Michie, avait à son tour bien voulu nous céder ses droits sur cette petite embarcation qu'il avait précédemment retenue.

Le 9 octobre, à midi et demi, je donnai l'ordre « marche en avant », et notre petit convoi (la chaloupe remorquait le bateau chinois), se mettait en route défilant devant le Consulat (construit sur les plans du petit Trianon[129]) et devant l'Aspic, canonnière française désignée pour hiverner à Tienn-Tsinn[130].

129. Bien qu'elle soit loin d'avoir la même importance que sa rivale de Chang-Haï, la concession française de Tienn-Tsinn a pris, depuis quelques années, un développement considérable. [...]. À vrai dire, seules les concessions de Chang-Haï et de Tienn-Tsinn progressent. À Canton, un voyageur de mes amis prétendait, il y a quelques années, n'avoir vu que de maigres prairies sur l'emplacement de notre concession de Cha-Min. Un âne, un âne unique, y paissait. Adorable pastorale, mais regrettable réalité. Notre consulat était alors et est encore en pleine ville chinoise, bien que voisin du palais du Gouverneur, dans des conditions de sécurité et de salubrité relatives. Il devrait pourtant être possible de tirer parti de ces terrains inoccupés et de trouver là, comme à Chang-Haï, comme à Tienn-Tsinn, une source de revenus qui permettrait d'alléger les charges financières du ministère des Affaires étrangères, vis-à-vis de ses agents locaux, si même elle ne suffisait pas à remplacer complètement et avantageusement toute subvention de la métropole. Ce ne serait que justice.

130. Tienn-Tsinn a été déclaré port ouvert le 25 octobre 1860, en exécution de la convention signée à Pékin entre la France, représentée par le baron Gros, et la Chine

Nous passons devant les ruines de l'ancienne cathédrale, incendiée en 1870 lors du massacre Fontanier. Dans le cimetière, des colonnes blanches irrégulièrement disposées ; chaque colonne indique l'endroit exact ou les sœurs de Saint-Vincent de Paul ont été frappées[131].

À notre gauche s'entassent en véritables montagnes les provisions de sel de toute la province ; plus loin sur la droite un fort, remparts à créneaux comme ceux des citadelles en zinc découpé qui font la joie des enfants et la prospérité des marchands.

Nous croisons des jonques de police semblables à celles que nous avons vues aux environs de Ta-Kou, le nombre et la disposition des pavillons indiquent la force numérique des

---

représentée par le prince Kong. Deux canonnières européennes ou américaines viennent, chaque année, stationner pendant l'hiver à Tienn-Tsinn. On s'arrange pour ne rassembler que des équipages qui s'entendent. En 1886-87, la campagne fut faite par l'Aspic et le Patos, canonnière des États-Unis, une invraisemblable guitare à aubes qui ne faisait réellement pas honneur à l'Oncle Sam. Il est vrai que l'état-major rachetait largement par son affabilité les défectuosités du navire qui lui était confié.

131. À ce propos il serait utile et décent de veiller davantage à l'entretien des tombes de nos agents décédés et inhumés en Chine. Pour notre part, nous, leurs camarades, faisons ce que nous pouvons ; mais ces soins pieux seraient encore mieux donnés s'ils étaient l'objet d'un concours quelconque des administrations compétentes. Cela serait d'un bon effet à plusieurs points de vue. En Chine plus que partout ailleurs, on tient en médiocre les gens qui ne respectent pas leurs morts, et l'abandon n'est pas du respect.

équipages, – puis nous apercevons le *house-boat* qui revient – trop tard !!!

Les champs de choux disparaissent peu à peu et font place à des champs de sorgho. La moisson est faite ; le vent s'élève et chasse des paquets de sable qui s'amoncellent et qui donnent à tout le pays l'apparence d'un véritable désert.

Nous longeons un instant la route de Pékin, la ligne du télégraphe l'indique ; elle est à cet endroit en remblai ; seul, un Chinois se dessine sur le ciel, il trottine à âne. Je reconnais l'un des fidèles courriers de la Légation, qui fait ce service depuis bientôt vingt ans ; puis la nuit tombe, et nous nous préparons, après un repas mangeable, mais sommaire, à installer notre dortoir le mieux possible.

Le lendemain, le mécanicien me fait réveiller et me prévient qu'il faut stopper. Une tempête de sable est imminente ; nous devons nous abriter derrière un talus et couvrir la machine d'un prélart pour empêcher le sable d'envahir les mouvements, ce qui les ferait se gripper et les mettrait hors d'usage. Nous fermons toutes les ouvertures aussi hermétiquement que possible et par les glaces des fenêtres du salon nous voyons arriver une sorte de brouillard qui *paraît* s'avancer lentement vers nous. En moins de temps qu'il ne faut pour le dire, nous sommes entourés de tourbillons d'une poussière impalpable qui pénètre même par les plus petites fissures de la cabine. Le vent siffle terriblement, on n'y voit pas à deux mètres ; cela dure environ une heure. On découvre alors la machine, nous nous époussetons ; l'on repart. Même aspect riant du paysage : du sable, du sable, toujours du sable ; de temps en temps quelques misérables villages bâtis en boue friable, et un arbre ou deux, tellement dépourvus de feuillage qu'ils ont l'air d'être morts depuis vingt ans.

Vers trois heures, deux hommes de l'équipage me disent qu'ils vont se jeter à la rivière ; ce sombre dessein m'épouvante, moins toutefois que le résultat qu'ils obtiennent : ils ont de l'eau jusqu'à la cheville.

Le mécanicien – un Chinois – s'approche et me dit :

« Votre Excellence comprendra qu'il nous est impossible d'aller plus loin. »

J'aimerais beaucoup mieux ne pas être traité d'Excellence et pouvoir avancer.

« Mais que faire ?

— Oh ! pas difficile ; nous, nous allons retourner à Tienn-Tsinn, et vous, vous continuerez sur Tong-Tcheou avec l'autre bateau, qui n'a qu'un faible tirant. »

L'autre bateau, c'est le bateau chinois ! Nous allons être quinze dans cette boîte. Cette perspective d'encaquement m'horripile.

Il faut pourtant se rendre à l'évidence. Je fais opérer le transbordement et congédie le vapeur. Nous allons marcher à la corde, c'est-à-dire que, comme des chevaux de halage, quatre hommes nous tireront de la rive. Il est vrai qu'il y a soixante ans on avait encore recours à ce moyen pour aller d'Elbeuf à Rouen.

Je descends à terre accompagné de la petite chienne *king-king* « Puck » que Mme Bons d'Anty a donnée à ma femme au moment où elle quittait Tienn-Tsinn. Puck est un animal diplomatique qui a son état-civil en règle.

Son père fut feu *Ting-Eull* (Bouton), « chien de la Légation », titre honorifique qu'il porta jusqu'à sa mort. Sa mère était Dame *Siang-Eull* (Éléphante), appartenant à mon ami et ancien camarade Arnold Vissière, cette année-là en congé en Europe.

Il y a trois principales races de chiens en Chine :

1° Le grand chien de Pékin, le triple comme taille de celui de Constantinople, bête hirsute à allure de loup, méchante et stupide à l'excès.

2° Le king-king à poil ras, qui est l'ancêtre du carlin, chien ainsi nommé en Europe parce que les premiers importés furent offerts à Charles-Quint. Caractère affectueux et race intelligente. (Il y a aussi des *king-king* à poil long.)

3° Le *sleeve-dog*, ou chien de la Cour. Ce dernier n'est pas, à proprement parler, un chien, c'est un microbe à poils longs et soyeux, aux pattes de devant plus courtes que celles de derrière. La masse cérébrale est modeste, même relativement aux proportions microscopiques de ce quadrupède ; aussi se distingue-t-il généralement par une ineptie peu commune parmi les autres espèces de ses congénères.

Les Anglais lui ont donné le nom de sleeve-dog à cause de ses dimensions, qui permettent de le cacher dans une manche, – manche chinoise, il est vrai. Il y a encore une autre race de chiens dans le sud c'est le chien truffé ou sans poil ; – je croirais faire injure à la race canine en l'apparentant avec cette espèce de cochon d'Inde. Les Chinois relèvent comme on élève des lapins ; c'est un animal comestible qui permet à certains plaisantins de dire qu'ils ont mangé en Chine des « côtelettes de chien à l'huile de ricin ». Cela est rigoureusement exact, car les Chinois consomment beaucoup d'huile de ricin ; mais, comme elle est fabriquée avec de la *graine sèche,* elle ne possède pas les qualités purgonesques que l'on sait, et il faut alors être fin connaisseur pour la reconnaître au goût.

Nous ne sommes pas encore à mi-chemin, autrement dit à Ho-Si-Vou. Nous n'y arriverons qu'à la nuit ; notre voyage se continuera monotone encore pendant deux longs jours.

Le surlendemain au soir, au cours de la promenade habituelle que je faisais, et qui consistait à couper en ligne droite, à travers champs, les coudes du Peï-Ho, j'aperçus une ligne de sommets assez élevés c'étaient les collines de Pékin.

« Demain, à cinq heures du matin, nous serons à Tong-Tcheou », me dit, quand je regagne le bateau, le chef de notre équipe.

Nous arrivâmes à l'heure dite, et, comme nos haleurs avaient bien marché, je leur donnai à chacun une piastre de gratification extraordinaire, ce qui parut les satisfaire considérablement.

Avant de nous amarrer à la rive, nous croisons deux grands bateaux de haut fonctionnaire ; à la porte du premier, du côté de l'avant, se trouve un râtelier de superbes hallebardes et de grandes piques à étendard dentelé.

Les dames du monsieur sont dans la seconde embarcation ; elles nous regardent en riant.

Sur le rivage, un *ma-fou* (palefrenier), garde à cheval de la légation, nous attend avec deux chaises. Nous partons, laissant le soin des bagages aux domestiques. Notre femme de chambre s'installe dans une charrette à roues cloutées comme une porte de prison, à l'apparence d'une voiture de marchand des quatre saisons. On est obligé de rester accroupi dans ce véhicule. La malheureuse femme mit sept heures pour venir à Pékin et déclara qu'elle aimerait mieux refaire la route à pied que de recommencer pareille promenade. Le fait est que des sacs de voyage, en cuir très solide et recouverts de housses en toile à voile noircie, qu'elle avait avec elle, arrivèrent tout écorchés, tout éraillés, dans un état lamentable.

Pendant ce temps, nos porteurs, partis d'un pied rapide, nous faisaient pénétrer dans Tong-Tcheou, ville assez propre, assez pittoresque, et rappelant, dans quelques-unes de ses rues[132] les anciens villages de la Valteline ou du haut Milanais.

Les remparts sont passablement entretenus ; la plupart des maisons ont un aspect de propreté qui contraste agréablement avec ce que nous avons vu jusqu'ici.

On aperçoit une pagode élevée, mais moins belle que celle de Long-Hoa.

Un arrêt. C'est une file de chameaux qui passe par une rue transversale. Chaque animal est attaché par le nez à la queue de son voisin ; ces chapelets comportent dix ou quinze unités, et l'on est à peu près sûr, quand on en voit poindre un, qu'il y en a une suite d'au moins une douzaine.

Inutile de chercher à couper ces files, on se ferait renverser. On repart à travers une contrée qui n'a rien de remarquable ; c'est pourtant moins terne qu'aux environs de Tienn-Tsinn. Il y a quelques mouvements de

132. La voie impériale qui relie Tong-Tcheou à Pékin est comparable à un damier dont les cases blanches seraient des dalles et les cases noires de grands trous. Les porteurs de chaises prennent de préférence les sentiers. Cela se conçoit sans peine.

terrain, quelques arbres touffus ; nous arrivons sur les berges d'un canal. Traces de vannes d'irrigation, pertuis de décharge encore bien construits ; je cherche à voir une écluse.

Il n'y en a pas ! Chaque bassin possède un certain nombre de bateaux qui n'en sortent pas à chaque seuil on décharge et on recharge. C'est d'un pratique et d'un expéditif ! Heureusement que la manutention n'est pas chère.

Nos porteurs ont chaud. Ils s'arrêtent dans une petite auberge en rase campagne et absorbent plusieurs tasses de thé, ou plutôt d'une infusion qui prétend être du thé.

La falsification des vins en Europe est une idylle à côté de la sophistication des thés en Chine. Dans une pincée de thé acheté par curiosité à Pékin, – j'avais fait faire l'acquisition par mon *boy* (premier domestique, sorte d'intendant) pour ne pas être berné, j'ai trouvé des feuilles de roses, des fleurs de pêcher, des pétales de camomille et une quantité de feuilles sèches appartenant à toutes les graminées de la création, mais pas de trace de la précieuse plante chère aux Russes et aux Anglais. Les meilleurs thés viennent du Fo-Kienn, mais le moyen le plus sûr de se les procurer est d'adresser, avant la récolte, ses commandes à Hann-Keou, principal marché d'exportation. Le thé le plus exquis est un thé dont les feuilles sont dorées comme celles du tabac turc ; les Chinois l'appellent le thé rouge. Ne s'en procure pas qui veut. (S'adresser de préférence à la maison Moltchanov et Petchatnov.) Les thés exportés par la seule place de Hann-Keou représentent une valeur annuelle d'environ trois cents millions de francs.

Le *ma-fou* nous montre de loin un grand pont à plusieurs arches et en dos d'âne, Pa-Li-Kiao (le pont des huit lieues), dont nous avons fait Palikao[133].

Enfin, au bout d'une nouvelle traite de deux heures (il y en a trois que nous avons quitté Tong-Tcheou), nous remarquons une certaine densité d'habitations. Les maisons se serrent de plus en plus les unes contre les autres nous sommes aux faubourgs de Pékin (12 octobre).

Tout à coup, au détour d'une rue, une vision, la plus impressionnante de toutes celles que j'ai eues en Chine. Élancé comme une cathédrale, un monument énorme, au toit pointu et recourbé ; dans le bas, pas une ouverture ; en haut se trouvent seulement quatre étages rapprochés de petites fenêtres carrées. C'est une des grosses tours des murs de la capitale ; chaque fenêtre est une embrasure de canon ; mais, comme les canons sont absents, on s'est contenté « de peindre leur *gueule* sur un volet de bois ». Nous franchissons la porte d'une petite enceinte crénelée : Tong-Pienn-Meunn.

133. Ce pont est situé sur le Tong-Houeï-Ho, canal qui relie Pékin au Pei-Ho

Nous entrons dans la ville chinoise et suivons un quai le long d'un cours d'eau horriblement sale et stagnant. Je me sens littéralement fasciné par la tour, que je ne quitte pas du regard ; cet édifice est d'autant plus majestueux qu'on s'est déshabitué d'en rencontrer de proportions analogues. La configuration de Pékin rappelle la coupe géométrique d'un socle : le piédestal correspond à la ville chinoise, le bloc supérieur à la ville tartare ; la ville impériale est au milieu de la ville tartare.

Encore un détour, – passage sur un pont sans parapets ; – peu de monde dans les rues ; maisons basses, moins propres que celles de Tong-Tcheou ; des traces de misère presque partout.

Maintenant nos porteurs enfoncent jusqu'aux genoux dans une poussière grise et fine comme de la cendre ; cette poussière s'attache aux yeux, à la gorge, et vous pique d'une manière insupportable. Nous avons hâte d'arriver. Voici la porte des murs surmontée de la tour que nous avons aperçue ; l'entrée est vraiment imposante, mais la poussière ne diminue pas. Je distingue pourtant le nom de la porte écrit en caractères chinois et en caractères mandchous. Ils sont trop loin pour être déchiffrés, mais je pense que nous sommes à Ha-Ta-Meunn, c'est-à-dire à deux pas de la Légation.

Les portes sont massives. Ce sont ces portes que l'on ferme encore chaque soir à la tombée de la nuit, comme toutes celles de la ville tartare[134].

Près de la porte, à l'intérieur, se trouve un corps de garde. Il faut savoir que les gens du poste sont des soldats, car rien dans leur tenue n'indique qu'ils font partie d'un corps de troupes. Ils sont fort mal vêtus, peu propres et très débraillés.

En tournant, au sortir de Ha-Ta-Meunn, nous apercevons l'une des deux grandes avenues qui traversent Pékin dans toute sa longueur. C'est cette avenue que nous appelons Ha-Ta-Meunn-Ta-Kié, c'est-à-dire la grande rue de Ha-Ta-Meunn. – Je ne crois pas que ce nom chinois soit adopté par les habitants, mais c'est celui dont se servent les Européens.

Maintenant rien ne rappelle plus l'Occident : c'est bien la Chine, la vraie Chine, avec toute sa poussière, ses horribles chemins, ses petites maisons basses à toits de tuiles cylindriques, ses fenêtres de papier tendu, toute son originalité et aussi, hélas tout son délabrement. Soudain paraît un grand mât au sommet duquel flotte le drapeau national ; de

134. Ces portes ne s'ouvrent plus qu'au lever du soleil, sauf la porte impériale Ts'ienn-Meunn, dont l'on entrebâille un battant de minuit à minuit et demi pour laisser entrer les fonctionnaires de race chinoise se rendant aux conseils du gouvernement, qui se tiennent de deux à cinq heures du matin. Les audiences impériales se donnent à la même heure.

grands murs gris, une porte rouge flanquée de lions de granit et de bornes reliées par des chaînes. Cette porte s'ouvre : nous sommes à la Légation de France.

M. et Mme Camille Imbault-Huart nous offrirent les premiers jours l'hospitalité. Grâce à leur accueil, il nous fut possible d'approprier, sans trop de tracas, les pavillons qui nous avaient été désignés, mais dont les réparations n'étaient malheureusement pas tout à fait terminées.

Ces petites maisons n'étaient certainement pas somptueuses, mais elles offraient, somme toute, des avantages de confortable que je n'aurais jamais cru rencontrer à Pékin, et qui, il est juste de le dire, n'étaient pas encore très communs dans la capitale chinoise[135].

Ces maisons n'ayant pas été habitées depuis longtemps, tous les aménagements intérieurs étaient à faire. Avec quelques fausses cheminées en bois[136], fabriquées assez habilement par un menuisier indigène, quelques tentures

135. Toutes les pièces que nous occupions, sauf un cabinet de toilette, étaient plafonnées à l'européenne, condition très importante pour maintenir la chaleur dans les appartements, empêcher l'arrivée des rafales de vent et les incursions des rongeurs, qui ne se privent aucunement de dévorer le papier dont on fait la plupart des plafonnages ordinaires.

136. Le bois, dans la Chine du nord, est horriblement cher, et, de plus, de fort mauvaise qualité.

drapées autour des inévitables colonnes que l'on est sûr de rencontrer au milieu des pièces de presque toutes les constructions chinoises, il fut relativement facile de donner à notre intérieur une apparence quasi européenne[137].

En fait de « mobilier national » nous ne possédons qu'un vieux *kan*, un de ces canapés chinois larges et bas, avec une petite table centrale sur laquelle se posent les tasses de thé, les pipes à eau, etc. Encore notre *kan* est-il veuf de sa table. Peu importe, quelques coussins bien rembourrés et un bon tapis de Mongolie le transformeront quand même en divan convenable.

Le reste de l'ameublement est du dernier style américain, à commencer par la glace à étagères latérales de la cheminée du salon, pour finir par notre armoire à glace, – une de ces armoires qui font fureur à Paris depuis deux ans seulement, et qui contiennent une armoire, une commode et un chiffonnier.

Tous ces meubles faits à Chang-Haï, sur des

137. J'avais oublié d'acheter du papier de tenture en quantité suffisante à Chang-Haï et à Tienn-Tsinn. Il fallut recourir, pour notre chambre à coucher, à l'emploi du papier de Corée. Je n'eus qu'à me féliciter de cette décision. Il est d'abord meilleur marché en Chine que n'importe quel papier peint ; de plus, ses grandes feuilles jaunâtres, soyeuses et résistantes, offrent un obstacle très sérieux à l'irruption de tous les animalcules, qui sont légion à Pékin, surtout à proximité des jardins et des arbres.

modèles américains, ne sont pas trop mal exécutés. Ils sont copiés même dans leurs défauts. Ce qui les relève à nos yeux, c'est l'emploi, dans leur décoration, de la faïence émaillée concurremment avec la marqueterie. Cela a au moins le mérite d'être neuf, très clair, très gai à l'œil.

Quelques vieux fauteuils Louis XV, que nous avons apportés d'Europe dans le fol espoir de les faire reproduire ici[138], détonnent étrangement dans ce milieu de meubles pratiques, et *jurent* complètement avec deux fauteuils Morny, de ces larges fauteuils de club, que j'ai trouvés à Chang-Haï, je ne me souviens ni où ni comment.

Nous avions un éclairage au pétrole, au moyen de *sun-burners*, lampes aveuglantes, pour nos yeux de « chauves-souris européennes[139] » et un chauffage par poêles inextinguibles capables de rôtir une armée. Lesdits poêles étant nourris de cet anthracite brillant et dur, appelé le *diamond* aux États-Unis[140],

138. Ce n'est que dans les provinces méridionales que l'on peut obtenir ces reproductions en bois noir ou en bois de fer. Cela se fait couramment à Canton. Dans le nord on ne peut y songer.

139. Les Américains nous désignent ainsi quand nous avons l'audace de leur parler d'éclairage.

140. Ce splendide combustible se trouve à quelques lieues de Pékin, dans la croûte de cette formidable réserve de houillères auprès desquelles nos mines d'Europe et d'Amérique ne sont que de misérables taupinières.

vous admettrez que l'on peut passer l'hiver à Pékin sans craindre d'y geler, malgré les basses températures que l'on y peut subir.

Pour ce qui est de la table, vous n'aurez, sauf pour le poisson, que l'embarras du choix : gibier de toute nature, viande de boucherie façon anglaise, c'est-à-dire plus succulente qu'à Paris, fruits, légumes frais ou conservés, vous pourrez vous procurer tout, sans compter cet excellent raisin de Tienn-Tsinn, dont les grappes à pulpe épaisse se conservent d'une année à l'autre avec une telle perfection qu'au mois de septembre il est impossible de distinguer le raisin frais du raisin de fruitier, et que l'on trouve les deux qualités à vendre simultanément sur les marchés. On a cherché à savoir comment le raisin chinois pouvait être conservé aussi bien et aussi longtemps, et rester constamment accessible aux bourses les plus modestes. Il y a là un secret ; pas plus que d'autres je n'ai pu le pénétrer. Je crois pourtant, d'après certains indices, que la conservation se fait dans des silos hermétiques ouverts au fur et à mesure des besoins de la consommation.

Pour donner une idée de la variété des mets qui peuvent figurer sur une table l'hiver, à Pékin, je copie textuellement le menu d'un souper offert après bal par le ministre d'Allemagne, M. von Brandt :

Consommé.
Perches, saumons, homards.
Filets de bœuf, selles de mouton.
Cimiers d'antilope, cuissots de sanglier.
Jambons de Mayence.
Faisans, perdreaux, gélinottes.
Coqs de bruyère, chapons de Mongolie.
Filets de dindonneaux en chaud-froid.
Pâtés de lièvre.
Aspics à la financière.
Salades de harengs, salades de céleris.
Meringues glacées.
Tartes au chocolat.

Quant au pain, des boulangers européens ou chinois, établis dans les grands ports et à Pékin, le fabriquent bien mieux que nombre de *mitrons* de notre continent.

La Légation de France est un ancien palais de prince du sang. Elle est située au milieu d'un parc (très étendu pour l'intérieur de Pékin – près de deux hectares), et se compose : 1° des anciens bâtiments chinois aménagés par le génie militaire français, lors de son séjour à Pékin (ces bâtiments sont affectés au logement du ministre) ; 2° de constructions plus récentes qui servent d'habitation aux secrétaires, aux interprètes. L'hôtel ministériel est parfaitement logeable, et l'on y peut donner de jolies fêtes.

Il serait à souhaiter que la France possédât dans chacune des capitales où elle entretient des missions diplomatiques un immeuble aussi complet que celui dont nous avons la jouissance à Pékin[141].

Les premières journées que nous laissa libres la fin de notre emménagement furent consacrées aux visites officielles. À part quelques fonctionnaires de l'Administration des Douanes qui demeuraient fort loin, dans des ruelles à noms étranges : *ruelle de la Farine sèche*, par exemple. Les Chinois n'ont pas l'habitude de mettre des plaques au coin des rues, et, quelquefois même, ne donnent aucun nom à leurs voies publiques. Je n'ai jamais compris comment ils faisaient pour retrouver les adresses dans le dédale de leurs sentiers, de leurs carrefours et de leurs avenues. Presque tous les Européens habitent le quartier des Légations. On n'a ainsi que quelques pas à faire pour aller de l'un chez l'autre, ce qui ne laisse pas que d'être appréciable dans un pays où les moyens de locomotion sont ce qu'ils sont à Pékin.

141. Il est très regrettable que, dans le Tché-Li, la nature du sol, le manque d'eau, en même temps que les ouragans terribles qui viennent du nord, soient autant d'obstacles à la création de pelouses ou de prairies. L'œil réclame de la verdure, et il n'en trouve que fort peu sur des arbres rabougris et sur quelques plantes protégées à grands frais contre les intempéries.

Il y a le fiacre, c'est-à-dire la charrette précédemment définie. Ce véhicule tortionnaire ne marche jamais qu'au pas. Il y a ensuite la chaise à porteurs, mode de transport très coûteux, mais assez agréable, – quand le toit ne vous tombe pas sur la tête. – Il y a encore, pour les privilégiés, la *sibérienne*, phaéton idéal, qui se rapproche beaucoup des voitures de dressage piémontaises. Dans la sibérienne, les brancards, qui ont la flexibilité de poutres et la longueur de perches, forment les seuls ressorts ; c'est assez dire combien on est mollement bercé dans cette catégorie de carrosses. Il y a enfin le cheval poney mongol, d'une indocilité remarquable et d'un caractère des plus fantasques. Il y a surtout les jambes, qui appartiennent en pleine propriété à celui qui s'en sert, mais qui ont fort à faire pour le porter à travers toutes les bosses, toutes les ornières, toutes les mares et fondrières, qui sont le plus bel ornement des grandes et petites voies de la capitale. Quelle différence avec les routes de Tienn-Tsinn !

En 1886-1887, année faste, la colonie européenne comprenait parmi ses membres (200 environ) une vingtaine de dames, sans compter Mmes les *Missionnairesses* (anglicanes) qui ne vont généralement dans le monde que le samedi, pour voir si à minuit sonnant les violons rentrent dans leurs boîtes.

Grâce à cette importance insolite de l'élément

féminin, des bals pouvaient être organisés presque chaque soir, – petites réunions qui avaient leurs charmes, car elles n'étaient point banales comme ces grandes soirées européennes où le maître de maison doit se déclarer satisfait quand il reconnaît seulement la moitié des gens qui se précipitent chez lui.

J'ai séjourné dans quelques résidences en Europe et en Amérique, je puis dire que nulle part le corps diplomatique ne se serre autant les coudes qu'à Pékin[142]. S'il en résulte quelques inconvénients, ils ne justifient pourtant pas ce mot méchant pour la capitale du Céleste-Empire : « C'est une petite sous-préfecture. »

Les distances qui séparent les légations les unes des autres étant assez faibles, les dames préféraient presque toujours sortir à pied. Elles chaussaient à cet effet de grandes bottes de velours fourrées, s'emmitouflaient dans de vastes pelisses en chèvre de Mongolie[143], et se

142. Comme il n'y avait pas de réception officielle au Tsong-Li-Ya Meunn, les ministres étrangers se réunissaient chaque semaine chez leur doyen pour échanger leurs impressions on donnait à ces assemblées périodiques le nom de conférences. Elles ont souvent porté leurs fruits.

143. Bien qu'il fît souvent très froid la nuit, j'ai rencontré des danseurs rentrant chez eux sans pardessus, en simple habit noir. Comme j'admirais ces gens peu frileux, on me dévoila leur recette : ils portaient sous leurs vêtements un véritable étui en peau de daim, qui les garantissait mieux que toutes les fourrures imaginables contre les rigueurs de la température.

mettaient en route précédées de porteurs de lanternes, énormes globes en satin gommé, ornées des « caractères » de la légation et du nom du propriétaire.

Quand on arrivait à destination, ces lanternes étaient suspendues à un trépied formé par les bâtons crochus qui servaient à les transporter, s'alignaient les unes auprès des autres, et constituaient une illumination aussi brillante qu'originale dans les jardins et dans les cours des maisons de nos hôtes.

En dehors des réceptions fréquentes, qui presque toutes avaient lieu le soir, la principale distraction des Européens habitant Pékin était la recherche du bibelot rare, de l'oiseau bleu perdu dans une arrière-boutique de brocanteur, acheté pour rien et quelquefois... revendu son poids d'or.

Les gens les plus pacifiques, les individus rebelles à tout sentiment archéologique ou artistique, finissent avec le temps par devenir plus enragés que les autres, et s'adonnent à la chasse du bric-à-brac avec une ardeur déconcertante.

Cette passion peut être comparée à une fièvre maligne très contagieuse ; mais le plus terrible, c'est que l'on s'excite réciproquement ; on se chuchote des histoires des *Mille et une Nuits*, sans compter les légendes sacrées que des aèdes futurs transmettront à la postérité stupéfaite, comme autant de chants d'Homère.

On aurait grand tort de croire que seuls les

Européens apprécient la porcelaine de Chine ; les Chinois ont eux aussi un véritable culte pour les belles pièces, et derrière les murs des maisons basses, des demeures chétives des Pékinois de naissance, se cachent certainement, dans d'admirables collections, de véritables chefs-d'œuvre, que quelquefois la détresse d'une famille oblige à mettre en vente, surtout avant le jour de l'an, dernier terme d'honneur pour le payement des dettes[144].

Dans tous les temps et dans tous les pays, dès qu'il y a eu des collectionneurs, on a pu distinguer, parmi eux, les collectionneurs amateurs et les collectionneurs professionnels.

Le collectionneur amateur ne s'occupe guère que d'orner sa maison d'objets qui lui sont sympathiques. – Il n'est pas strictement nécessaire que ce soient des objets d'art.

Le collectionneur professionnel se crée une spécialité, recherche certaines pièces à l'exclusion de certaines autres. Il se sent envahir par un feu sacré qui manque absolument au collectionneur amateur.

À Pékin, Dieu sait quelle tarentule vous pique ! on devient fatalement collectionneur professionnel.

144. Ils apprécient également beaucoup les pierres fines sculptées, les jades, les cristaux de roche. Par contre, tout ce qui est métal, les bronzes, les cloisonnés, paraissent ne jouir près d'eux d'aucune faveur spéciale.

De notre temps, c'était M. Constans qui collectionnait les théières de tout genre, de toute forme, de tout module ; – pendant que M. Pander, professeur au Tong-Ouenn-Kouann (ancienne École des langues occidentales, actuellement Collège de Pékin), recueillait tous les bronzes religieux, et que M. Collin de Plancy récoltait les boucles de ceinture.

Comme il serait de très mauvais goût de se faire concurrence, les derniers venus n'ont pas grand choix à faire pour adopter un genre. Aussi m'étais-je rejeté sur les chaufferettes[145].

L'habileté, quand on commence une collection, est de garder aussi longtemps que possible le secret, pour que les prix n'augmentent pas au fur et à mesure que la collection s'accroît[146].

Pour acquérir les objets que nous rassemblions, nous avions d'abord la ressource des offres qui nous étaient faites journellement

145. La chaufferette chinoise n'est pas un ustensile de ménage plutôt dépourvu de valeur artistique. Au contraire, c'est, en général, une cassolette très ornée, très fouillée, agrémentée d'ornements originaux, ciselés à la main. Toutes varient de formes et de décoration. On en fait en or, en argent, en *packfong*, en bronze, en laiton, en cuivre et même en porcelaine.

146. Cela est tellement vrai, qu'à la fin de notre séjour nous en étions arrivés à faire tripler le prix des chaufferettes, c'est-à-dire que les spécimens les plus modestes presque identiques à ceux que nous avions acquis, les premiers mois, au prix d'une ou deux piastres, étaient remportés quand nous refusions d'en donner cinq piastres.

par des marchands venus de tous les coins de la ville. Ces marchands allaient en tournée de légation en légation, transportant leurs bibelots dans des *toilettes* de cotonnade noire ou bleue, et faisaient un étalage sur les marches des perrons, sur les larges rebords des cimaises qui entourent extérieurement les maisons.

Nous allions aussi voir notre voisin Yong-Tchenn, un antiquaire des plus courtois, qui nous invitait à déjeuner et nous donnait des séances de prestidigitation très complètes et très amusantes. Les Chinois ont une dextérité incomparable en matière de magie blanche. « Sans aucune préparation », c'est bien le cas de le dire, ils font apparaître et disparaître des masses d'un poids énorme et d'un maniement difficile : par exemple des jattes de faïence, remplies d'eau à ras bords, et pesant de 50 à 60 kilos.

Il y avait encore d'autres marchands dans la ville chinoise et dans la ville tartare, et les deux grands marchés de Long-Fou-Sseu (nord-est de la ville tartare) et de Leou-Li-Tchang (ouest de la ville chinoise), où l'on vendait de tout : des fourrures, de la poudre de guerre, des pendules et des rubis, des cloisonnés et des pincettes, des livres et des amulettes, des fruits confits et du tabac[147].

147. Nous aurions intérêt à établir de « petites civettes » sur les diverses concessions françaises. Fonctionnant près

Cela rappelait beaucoup les foires de l'est de Paris, au moment de Pâques, à cette différence près qu'on pouvait, sur les marchés chinois, – au moins en ce temps-là, – trouver quelque bibelot vraiment digne d'un sauvetage, voire même onéreux.

On ne perdait pas de vue les intérêts de sa collection, mais on soignait aussi ceux des autres, et, quand une pièce semblait bonne, on la signalait au collègue en bric-à-brac qui pouvait en tirer parti.

On achetait aussi les vieilles porcelaines en bon état, authentiques s'il y avait moyen, les cloisonnés anciens, sans *mao-ping*, sans « maladie du poil », c'est-à-dire sans défaut, sans trous bouchés à la cire.

Il y aurait à écrire sur l'art chinois non pas un, mais des volumes. Tout ce qui a été publié jusqu'à présent sur la matière est écourté ou incomplet. En parlant des porcelaines, certains auteurs s'en tiennent encore à des classifications fantastiques la famille rose et la famille verte. C'est très commode, mais vraiment trop primitif. Pourquoi ne pas adopter une classification par règnes, avec descriptions un peu

---

de nos bureaux de poste, ces débits de tabac seraient aussi utiles que productifs, car non seulement les Français, mais aussi les étrangers, et surtout les Anglais, apprécient beaucoup nos scaferlatis.

détaillées ? Cela exige quelque étude préparatoire ; est-elle donc si difficile ?

Dans l'art ornemental, il me semble, les plus belles manifestations chinoises se sont produites sous les règnes de K'ang-Chi et de Kienn-Long, presque contemporains des règnes de Louis XIV et de Louis XV[148]

Ce synchronisme dans l'apogée de l'art décoratif en Europe et en Asie est dû, sans doute, moins à des coïncidences fortuites qu'à l'influence des missionnaires, qui avaient propagé le goût, les modèles et le style de leur pays d'origine[149].

C'est dans la porcelaine, et surtout dans la porcelaine à dessins polychromes, que la démarcation se fait nettement sentir. Tandis que les *K'ang-chi* contiennent principalement des figures et des personnages, les *Kienn-long* ne comportent guère que des fleurs, des animaux symboliques, des arabesques.

Certes les *Ming* polychromes sont également curieux, mais la composition plus naïve, le heurt des couleurs qui détonnent, le mélange

148. En effet, les lignes un peu solennelles du style K'angchi rappellent le style de Louis XIV ; celles du style Kiennlong, plus capricieuses, se rapprochent du style Louis XV.

149. On ne saurait nier qu'un grand nombre de motifs d'architecture du Palais d'été n'aient été, de point en point, copiés sur des modèles de la renaissance italienne et du rococo florentin. Aussi, les restes imposants des nombreux bâtiments dont se composait cette résidence impériale ont-ils absolument conservé l'aspect de ruines occidentales.

du vert le plus cru et du bleu le plus tendre, sont des causes suffisantes pour recommander les porcelaines de cette dynastie plutôt aux archéologues qu'aux artistes.

Au contraire, dans la décoration des *K'ang-chi* à dessins polychromes, on trouve de petits tableaux empoignants comme une toile de bon maître, tandis que les *Kienn-long* de même ordre offrent des floraisons émaillées d'un coloris et d'un ton également admirables.

Dans ces productions hors pair, sans parler ni de la beauté de l'émail ni de la finesse de la pâte, la main de l'homme, la science de l'artiste, ont donné tout ce qu'elles ont pu. Elles apparaissent vivantes, et il est délicieux de les suivre, d'avoir à examiner autre chose que la couverte plus ou moins transparente d'un monochrome réussi au hasard de la cuisson[150].

150. Il y a pourtant des *sangs de bœuf*, des *clair de lune*, des *aubergines*, dont il ne faut pas médire, et qu'on doit se garder de confondre avec les vulgaires *flambés*. La différence ne frappe pas toujours l'œil ; elle est pourtant sensible, et est due à une variété des procédés de fabrication presque tous retrouvés par nos céramistes, grâce aux travaux patients, aux recherches érudites de notre ancien et regretté collègue Fernand Scherzer. Scherzer avait, sur ces matières, rédigé un remarquable rapport, et composé une collection d'émaux qui sont conservés maintenant à la Manufacture nationale de Sèvres. Les meilleures fabriques chinoises de porcelaine sont actuellement à Kinn-To-Tchenn, dans le Kiang-Si, longitude de Nann-King.

En dehors des visites et des excursions intéressées aux magasins en renom, on risquait rarement une promenade. Cependant, quelques jours après notre arrivée, le 5 novembre, M. Fernand Souhart nous ayant invités à un *rallye-paper*, suivi de déjeuner au champ de courses, nous fîmes notre première longue sortie dans Pékin et hors de Pékin.

M. Vapereau, un de nos compatriotes, professeur de français au Tong Ouenn-Kouann, avait eu l'amabilité de nous prêter sa *sibérienne*. Malgré les innombrables cahots que nous devions avoir à supporter, nous étions mieux qu'à cheval pour observer ce qui se passait autour de nous, n'ayant pas le souci de guider nos montures, et laissant à un *ma-fou* marchant à pied la conduite de la mule de notre attelage.

Ce qui frappe le plus, c'est l'uniformité des costumes tous les piétons portent des vêtements de couleurs éteintes où le bleu et le gris dominent ; – ces vêtements sont plus ou moins frais, suivant le rang de la personne, mais la coupe et la forme sont les mêmes pour toutes les conditions sociales. Quand il n'est pas en tenue officielle, le plus haut fonctionnaire de l'empire porte le même petit bonnet que le plus humble des artisans : calotte de satin ou de crin noir à bouton tressé de soie rouge. Pas plus de recherche extérieure dans le vêtement que dans les habitations, tel semble être le mot d'ordre en Chine, à Pékin comme dans les autres villes où ne domine pas l'habitant européen.

Le peuple paraît ne pas connaître l'envie ; il se désintéresse du beau, du confortable, et même souvent de la propreté, non pas parce qu'il méprise tout cela, mais parce qu'il en fait fi. Il a peut-être encore des désirs, mais ce sont des désirs séniles, des désirs de viveur blasé qui rumine le souvenir de ses bonnes fortunes et que les bonnes fortunes des autres ne tentent point, parce qu'il se refuse à croire qu'elles puissent jamais dépasser les jouissances qu'il a éprouvées. On observe un tel manque de luxe que l'on finit par se demander s'il est seulement affecté, ou s'il est la conséquence d'une misère générale et réelle. Il y a cependant de très grandes fortunes indigènes à Pékin. Certes, je sais qu'à l'instar de quelques-unes de nos grandes familles françaises le chef du nom, et, pour l'exemple que j'ai en vue on pourrait ajouter, des armes d'une grande famille chinoise, servait sur ses revenus des pensions à tous ses parents, et qu'il me disait : « Malgré mon demi-million de rentes, je suis un pauvre homme. » Mais enfin il pouvait être une exception. À quoi les autres peuvent-ils dépenser leur argent ?

Pourtant, on trouve encore dans le Chinois de race, dans ce passant à l'allure hautaine, comme un reflet des splendeurs ancestrales, il a l'œil de Don Quichotte, l'œil qui voit sans jamais regarder, et croirait déroger en paraissant s'intéresser à quelque chose ou à quelqu'un.

Au centre de Pékin, dans ce milieu tartare où la cour languit comme *exilée à l'intérieur*, le Chinois de race frôle à chaque pas le triomphateur mandchou. Il n'a plus de haine pour le conquérant, mais tout au plus quelque dédain. Il semble qu'il lui dise : « Vainqueur par la force brutale, tu as fait couler mon sang, mais pas encore assez pour m'empêcher de t'y noyer, de t'y faire perdre tes mœurs, tes traditions, ton costume, et jusqu'à ton langage[151]. Tu m'as vaincu, je t'ai conquis. Je suis vengé. » Le costume militaire mandchou était fort beau, et rappelait beaucoup, y compris le casque, les armures circassiennes. On le porte encore quelquefois lors des investitures à la cour, mais cette coutume tend à tomber en désuétude.

Une des seules choses qu'ont su imposer les Mandchous, c'est la natte, ou tresse de cheveux. Il se trouve des gens pour raconter

151. Le mandchou est encore parlé à la cour, mais il ne se répand pas. Dernièrement, quelques officiers, nouvellement promus à un grade pour l'obtention duquel la connaissance de cet idiome est obligatoire, ayant été interrogés par une haute personnalité du Palais, ne furent même pas capables d'énoncer en mandchou leurs titres et qualités.

sérieusement que ladite natte est un signe de servitude et de soumission à l'Empereur, parce que, le cas échéant, elle sert au bourreau à vous trancher la tête. C'est une fable. Mais la structure anthropologique indique une communauté d'origine chronologiquement *assez rapprochée* entre les *Tartares* et les *Cosaques*. Or, un héros littéraire bien connu en Russie, le Cosaque Taras-Boulba, nous fait savoir qu'il avait une petite natte, coiffure commode et appendice précieux dont il se servait comme de cravache. Les Tartares-Mandchous avaient la même mode, et ils l'ont rendue obligatoire lors de la conquête, comme signe de fidélité. Voilà tout. Les bonzes, les fous et certaines tribus montagnardes ne portent pas la natte.

Des traces rares, très rares, de pavage, des mares croupissantes au milieu des chemins, partout des murailles dégradées, des maisons mal entretenues, lézardées, de plus un sol tellement sablonneux qu'on ne sort de la poussière que pour tomber dans la boue, voilà ce que l'Européen parti en excursion peut rencontrer dans les rues de Pékin.

Et pourtant, tous les ans, à la fin des pluies d'été, dans les plus beaux quartiers, les autorités compétentes font procéder avec un soin minutieux à la confection de routes d'apparence alléchante.

On emploie la méthode suivante : le milieu

de la rue, après les pluies torrentielles qui l'ont arrosé sans trouver d'écoulement, étant un véritable cloaque dans lequel les enfants et les chiens se noient quotidiennement, on remblaie son creux avec les terres des bords, de façon que les trottoirs, qui étaient avant le travail en contre-haut, se trouvent après en contre-bas.

Les ouvriers de la voirie malaxent un peu de chaux avec les boues sèches et parviennent à dresser une chaussée splendide à l'œil. C'est lissé à la truelle comme un enduit de ciment. On laisse sécher pendant huit jours, et, pour que les voitures n'abîment pas ce beau glacis, on le barre de bout en bout au moyen de gigantesques chevaux de frise.

Par la même occasion on redresse les réverbères municipaux. Le réverbère de Pékin est un lampion fumeux posé sur un trépied dans une cage de papier huilé.

Une fois ou deux par an le Préfet de police sort « pour voir si on allume bien » lesdits lampions. Comme il prévient à l'avance du jour ou plutôt de la nuit de sa tournée, cette nuit-là les allumeurs de réverbères sont sous les armes ; mais le lendemain ils n'y sont plus : en vacances pour un an.

Enfin, quand la route est bien sèche, les voitures commencent à la parcourir. C'est délicieux pendant deux jours ; le huitième, c'est abominable et, un mois après, les trottoirs, qui étaient à la cave, sont remontés au grenier.

On a dit que la Chine avait trouvé son Colbert en la personne de sir Robert Hart. Il lui reste à trouver son Haussmann.

Le premier soin de cet édile rêvé sera sans doute d'interdire aux cantonniers pékinois d'arroser les rues avec du purin.

Il suffit de contempler les cérémonies qui se passent régulièrement au coucher du soleil, au beau milieu de la voie publique, pour se convaincre de la superfluité d'en rafraîchir les traces deux ou trois fois par jour.

Le pire est que l'on ne peut avancer rapidement au milieu de tous les obstacles qui surgissent devant vous. Même à pied, on ne circule qu'avec une lenteur désespérante.

Nous sommes partis à neuf heures pour arriver à midi. Il est dix heures et demie, et nous n'avons pas encore franchi les murs. À grand peine nous arrivons à Si-Pienn-Meunn (la porte de l'Ouest). Onze heures.

« Est-ce encore loin ? dis-je en m'adressant au *ma-fou*.

— Oh ! très loin, mon vieil aïeul. Et puis, ajoute-t-il avec un regard navré, *je ne sais pas où c'est* ; mais nous demanderons. »

« Mon vieil aïeul[152] commençait à trouver la plaisanterie mauvaise, et Ko-Taï-Taï (nom chinois de Mme Caubert) encore moins bonne,

152. Traduction littérale de *lao-yé*, – monsieur.

car nous étions terriblement remués dans notre véhicule. Heureusement une femme, voyant notre air inquiet, s'approche et nous dit :

« Vous cherchez des gens de *l'Océan occidental*[153]. Ils sont partis tous à cheval du côté du champ de courses[154].

— À combien de *li* d'ici (un li = 570 mètres) ?

— Une dizaine de *li*. Prenez tout droit. »

Nous renaissons à l'espoir, d'autant mieux que la campagne paraît plus gaie que du côté de Tong-Tcheou. Il y a quelques arbres, quelques vallonnements, pas mal de végétation. Pour la saison, c'est très passable.

Mais la formidable quantité d'eau qui est tombée pendant l'été n'a pas encore été bue par la terre, et, aux points bas, ce ne sont que flaques verdâtres sur la route, que bourbeux marécages dans les champs qui la bordent.

De place en place un tombeau de famille entouré d'une balustrade de bois rarement entretenue et d'arbustes qui poussent librement à l'abandon.

Pas de villages, pas trace d'habitations, peu, très peu de circulation, à peine quelques

153. Périphrase employée pour désigner *poliment* les Européens.

154. Toutes les fois que j'ai eu besoin d'un renseignement, d'une indication de route à Pékin, je n'ai eu qu'à me louer de l'obligeance des habitants.

convois de chameaux qui font le transport du charbon de terre.

Enfin !... derrière un bouquet d'arbres une petite maison en briques, d'architecture européenne. C'est un bâtiment à deux étages, avec vérandah ouverte et escalier extérieur à double révolution. Nous sommes à destination, au pavillon du champ de courses, qui sert à la fois de *refreshment* room et de tribune. Le *terrain* s'étend à droite et à gauche du pavillon, il n'a pas l'air trop mauvais. Les pistes sont marquées par des épis de haies vives[155].

Nous ne nous arrêtons guère à examiner ces détails, car notre appétit nous fait sentir combien nous sommes en retard

Le succulent déjeuner que, par véritable magie, notre hôte avait fait préparer dans ce désert, comptait une trentaine de convives ; grâce au menu, grâce à l'entrain général, il nous fut facile d'oublier vite les longueurs du chemin et de reprendre des forces physiques et morales pour le retour. Après des courses organisées entre les *ma-fou,* ils y mettaient beaucoup d'ardeur et de conviction, nous rentrâmes bien plus rapidement en prenant une

155. Toute cette installation est la propriété du Péking-Club, qui s'occupe surtout de favoriser les courses de chevaux, le *lawn-tennis* et le patinage.

route meilleure et plus large, la route extérieure des remparts.

Quand une attraction spéciale ne vous y oblige pas, les mauvaises conditions où l'on se trouve pour sortir agréablement en voiture font redouter les longues promenades, à tel point qu'on envisage avec terreur une invitation à dîner dès que l'amphitryon ne demeure pas dans le périmètre des Légations et de la nouvelle Douane.

L'équitation, il est vrai, jouit d'une grande faveur, mais il faut se méfier beaucoup du caractère des chevaux de Pékin. Les malheureuses bêtes, qui ne connaissent pas l'avoine, sont nourries à la paille de sorgho hachée. Cette alimentation défectueuse leur donne des lubies intestinales qui transforment le coursier le plus pacifique en cheval de Mazeppa. Aussi préfère-t-on, en somme, les excursions à pied étant moins remarqué, l'on peut s'arrêter plus facilement pour regarder une curieuse façade de boutique ou le défilé d'un cortège.

Ce sont principalement les enterrements et les mariages qui animent les rues de Pékin. Dans l'un et l'autre cas, la composition du convoi est presque analogue – musiciens, porteurs de pancartes, de lanternes, de bannières, de parasols. La chaise rouge de la mariée comme le cercueil en bois laqué ont un entourage identique. Il faut même avoir l'oreille faite depuis quelque temps aux mélodies chinoises pour reconnaître à la seule musique si c'est une jeune fille que l'on marie ou bien une duègne que l'on porte en terre.

Les quantités de mendiants que l'on racole comme figurants sont vêtus de costumes loués chez un entrepreneur de pompes funèbres ou nuptiales. Mais qu'il y a loin entre la réalité des plus brillants cortèges et les splendides enluminures à couleurs éclatantes, à ors criards, qui montrent ce que ces cérémonies devraient être, et ce qu'elles ne sont plus !

Au point de vue mondain, trois événements saillants rompirent la monotonie de la saison :

Le bal masqué de la Légation d'Allemagne ;

Le mariage de M. Souhart avec Mlle Strikidès, nièce du ministre de Belgique, M. Verhaeghe de Naeyer ;

L'apparition d'un haut fonctionnaire chinois, le marquis Tseng, aux soirées diplomatiques des Légations.

Le bal fut un véritable succès, succès pour l'amphitryon, succès pour ses hôtes, qui étaient parvenus à se composer des costumes très complets et très variés.

Le mariage provoqua une série de fêtes et de cérémonies qui ne se reverront plus de longtemps à Pékin. Jamais auparavant, les vingt-cinq chaises vertes des plénipotentiaires occidentaux ne s'étaient promenées en procession dans les rues de la capitale. Et il faut croire que jamais non plus le législateur français n'avait envisagé la possibilité du mariage en Chine (*qui n'est pas pays de chrétienté*) d'un Français avec une étrangère non chinoise, et de religion différente de la sienne.

De l'apparition du marquis Tseng on aurait pu conclure à une concession faite par le gouvernement chinois aux idées européennes. Il paraît que cette démarche du marquis lui était personnelle. Il y était autorisé sans doute. Depuis sa mort, survenue à la suite de fièvres gagnées lors de « réfections de pavages », nul autre fonctionnaire n'a suivi son exemple[156].

À proprement parler, les rapports sociaux des Européens avec le Pékinois n'existent pas. À de très rares exceptions (feu le marquis Tseng assistait aux soirées des Légations accompagné de quelques secrétaires), les Chinois du monde de la cour ou du monde officiel ne fréquentent pas chez les étrangers. Pourtant, au jour de l'an européen, les hauts fonctionnaires viennent apporter leurs souhaits aux Ministres occidentaux. En dehors de

156. Le gouvernement chinois sait pourtant être agréable aux Européens quand il le veut ; mais ses amabilités sont rarement directes ; il en charge toujours des intermédiaires, qui ne disent pas d'où viennent ces faveurs, tout en le laissant deviner.

cette visite annuelle, il y a de temps en temps des entrevues au Tsong-Li-Ya-Meunn, et quelquefois un dîner est offert dans des circonstances solennelles. Mais les relations, bien que courtoises, sont difficiles, et de part et d'autre règne une contrainte qui ne disparaîtra pas de sitôt.

Si je me suis montré sévère en critiquant l'insouciance du peuple pour la propreté et certains vices de l'organisation chinoise, je n'ai pourtant dit que la vérité. On ne devra donc que me croire davantage quand je rendrai justice à toutes les qualités du Chinois.

Les deux principaux inconvénients de la Chine du Nord, au point de vue de l'hygiène, sont 1° la mauvaise qualité de l'eau, qui est imbuvable sans être bouillie, puis filtrée, et presque impropre aux usages de toilette (la peau se gerce à son emploi) ; 2° la tension électrique de l'atmosphère, qui fatigue et rend irritable au suprême degré. La vie, supportable à Pékin, ne ressemble en rien à celle que l'on mène dans les ports, surtout dans les ports secondaires, où les ressources de tout genre sont encore rares.

L'hiver est très froid, l'été très chaud ; mais, l'hiver, un bon chauffage et les doubles fenêtres en papier de Corée vous aident à supporter la température, pendant qu'un ciel nuit et jour presque toujours sans nuage vous rappelle le beau climat d'Égypte. Quant à l'été, on a la ressource de la villégiature aux collines ; mais, même à Pékin, la glace, emmagasinée en abondance, rend la chaleur tolérable, surtout si, d'humeur sybarite, vous en faites porter des pyramides dans vos appartements.

Le Chinois a un renom de fourberie absolument immérité : la loyauté et l'honnêteté sont au contraire les premières de ses vertus[157]. Il ne faut pas oublier que le Chinois est en retard sur nous, qu'il est resté le contemporain d'Henri IV ou de Louis XIII. Il se méfie, il a peur des Occidentaux, et il a peine à admettre ce que lui racontent ses compatriotes des Légations d'Europe. De plus, il sent très bien que l'introduction de la civilisation européenne, c'est pour lui la substitution de la vie positive à la vie poétique.

Le Chinois ne se donne pas facilement, mais, quand il devient votre ami, il demeure un ami sincère et vous montre que, pour lui, la reconnaissance n'est pas un vain mot, qu'il sait se souvenir des bienfaits sans en porter la honte. Affable dans son hospitalité, il est très sensible

157. On s'imagine peut-être que, pour me convaincre de paradoxe, il suffirait de m'opposer des exemples célèbres. Je combats la validité de ces exemples, parce qu'en l'espèce accuser un diplomate de rouerie, c'est reprocher à la circonférence d'être ronde. Si l'on devait, en matière d'honnêteté, faire quelques réserves, ce serait surtout au point de vue administratif.

à la courtoisie qui lui est témoignée, en même temps qu'il est plus susceptible que quiconque aux insultes et aux manques d'égards.

L'insulte vient-elle de si haut qu'il ne puisse en demander raison, sans hésiter il recourt au suicide pour se justifier aux yeux de ses pairs. L'insulteur, fût-il sur le trône, est alors réduit à résipiscence. L'histoire du censeur Vou-K'o-Tou[158] est bien là pour le prouver. « Il est aussi malaisé en Chine qu'ailleurs de railler celui qui sait mourir pour sa foi. Le droit de remontrances, qui n'aurait aucune valeur chez un peuple d'esclaves, est une arme entre les mains d'un peuple qui compte dans ses rangs des caractères comme celui de Vou-K'o-Tou. » (Correspondance du *Temps* du 10 janvier 1890.)

On peut bien dire maintenant *le Chinois*, et non pas les diverses races qui habitent la Chine, car, bien qu'il y ait des différences de tempérament entre les habitants des provinces extrêmes de l'Empire, le sentiment national existe, et fait de ces groupes d'hommes un seul et même peuple.

Ce que d'autres, en Europe, ont formé sur un territoire plus restreint et en imposant une volonté régissante plus directe, le pouvoir

158. Vou-K'o-Tou avait reproché à l'Impératrice régente d'avoir placé sur le trône un empereur de quatre ans, pour se ménager une plus longue régence.

impérial chinois l'a créé par une sorte de religion d'État qui transmet les traditions intactes, – par une législation unique dont les prescriptions morales sont acceptées et reconnues non seulement dans tout l'Empire, mais aussi dans tous les pays soumis à son influence.

La langue a joué également un grand rôle dans l'unification de cette gigantesque confédération monarchique, – cette langue qui permet à ceux qui la lisent de se comprendre alors même qu'il leur arrive de ne pouvoir s'entendre en se parlant[159].

Par toutes ces circonstances concurrentes, nul pays n'a son unité mieux faite que la Chine, si ce n'est peut-être la France. Cette ressemblance entre les deux pays n'est pas la seule. La Chine est bien la France de l'Orient, comme le Japon en est bien l'Angleterre.

La Chine souffre particulièrement de ce socialisme d'État clandestin qui se nomme la curée aux places : c'est la conséquence

159. À part le *K'ing-Pao*, gazette officielle de Pékin (tirée chaque jour en trois éditions de format, de texte et de prix différents), la presse chinoise est de fondation trop récente pour avoir pu éduquer les populations. Il ne faut pas cependant se faire d'illusions ; des organes comme le *Ché-Pao*, le *Chenn-Pao*, qui paraissent à Chang-Haï, comme le *Houa-Pao*, journal illustré, publié dans la même ville, ont obtenu déjà des résultats très appréciables au moment des affaires du Tonkin. Il est certain qu'il y a maintenant un embryon d'opinion publique en Chine.

naturelle du pédantisme, de ses méthodes, de son esprit étroit.

En Chine comme ailleurs, l'esprit pédantesque, premier défenseur de la routine, exige, pour la saine continuation des traditions, des rites, que les intelligences soient formées dans le même moule. Pour atrophier les autres facultés du cerveau, il faut hypertrophier la mémoire. Après quoi, tout au concours à programmes pesants et indigestes qui font bouillir les cervelles jusqu'à les faire éclater. (*N.B.* Je parle de la Chine.)

Les hommes qui sortiront vainqueurs de ces joutes ne seront pas dangereux pour la sécurité de l'État. Oh ! ça, non ! Automatiquement exercées, leurs fonctions cérébrales conserveront toute la vie l'élan primitif qui leur a été imprimé : l'État pourra les prendre sans crainte dans ses services. Leur force inerte défiera toute révolution administrative.

Tout bien considéré, c'est un système comme un autre, – l'application au cerveau humain des règlements d'épreuve des chaudières.

Il est d'autres points de vue encore plus tristes, hélas ! sous lesquels la France peut être comparée à la Chine. Ce n'est pas hier seulement que le chancelier prince de Hardenberg a parlé du partage de notre patrie. Ce n'est pas hier non plus que Daniel de Foë écrivait ces lignes :

« Si ce bel Empire chinois n'était si éloigné de la Moscovie, et si les Moscovites eux-mêmes n'étaient des... rien ne serait plus aisé pour un empereur de Moscovie que de le conquérir dans une seule campagne. Et si le tsar Pierre, qui est, à ce qu'on dit, un jeune prince de grande espérance, et qui commence à se rendre formidable dans le monde, avait poussé ses desseins ambitieux de ce côté-là... il serait peut-être, à l'heure qu'il est, empereur de la Chine. »

Que les esprits timorés qui redoutent une nouvelle invasion armée des Asiates en Europe méditent cette dernière appréciation, restée toujours exacte. Les temps sont proches où les prévisions de Daniel de Foë se réaliseront. Le marquis Tseng aura dit vrai : « La Chine ne sera pas pour l'Europe une nouvelle Égypte. » Non, car elle sera un nouveau Congo.

Mais, quoi qu'il advienne, ainsi que la France subsistera toujours par ses idées généreuses, la Chine se survivra à elle-même par ses qualités prolifiques. Son sang si riche la vengera une fois de plus et restera vainqueur des races stérilisées de l'Occident[160].

160. L'invasion pacifique de l'Inde par les Chinois serait depuis longtemps un fait accompli si l'homme jaune n'y était pas considéré comme *hors-caste*, c'est-à-dire comme un paria. Pas une femme indienne ne voudrait épouser un Chinois.

ANNEXES

LE GLOBE-TROTTER
À PÉKIN

Le *globe-trotter* qui vient à Pékin à une bonne époque, – le printemps et l'automne sont les moins mauvaises saisons, – peut se faire en quelques jours une idée de la ville et de sa banlieue. Il dispose d'abord de tout son temps ; en outre, il n'a pas la prétention de voir en détail. Moins heureux certainement est le fonctionnaire sédentaire que des obligations de toutes sortes retiennent dans ses bureaux. Bien qu'habitant la capitale chinoise[161] ce dernier mettra peut-être dix ans à connaître ce qu'un simple touriste aura vu en dix jours. Aussi n'imitons pas le fonctionnaire, et suivons le touriste. Ce procédé Bædeker sera le meilleur et le plus court moyen de donner un aperçu de ce qu'est Pékin.

161. Le véritable nom de Pékin est Chouenn-Tienn. *Peï-King* veut dire la capitale du Nord ; Nann-King, la capitale du Sud. Le nom officiel de Nankin est Kiang-Ning-Fou.

Inutile, absolument inutile, de chercher à pénétrer dans les bâtiments officiels, ou palais impériaux. (L'Empereur Tong-Tché, prédécesseur de l'Empereur actuel, a accordé une seule fois une seule audience générale à tous les ministres étrangers accrédités à Pékin. Ce fait mémorable s'est passé le 29 juin 1873.) Inutile également, et même dangereux, de vouloir assister au défilé du cortège impérial quand l'Empereur sort du Palais pour se rendre soit au tombeau de ses ancêtres, soit aux temples officiels. Le Tsong-Li-Ya-Meunn écrit chaque fois aux chefs des missions diplomatiques d'inviter leurs nationaux à s'abstenir de paraître sur le parcours. Cette recommandation est inutile pour les indigènes que leur rang ou leur position ne fait pas figurer dans l'escorte : ils savent ce qui les attend s'ils osaient se permettre de manquer aux rites.

L'Empereur sort dans un palanquin ou chaise dorée et treillagée. Il demeure invisible même à ses porteurs. « La majesté impériale ou royale s'accommode mal d'être produite en public, et en souffre presque toujours. Le peuple doit se figurer la personnification du pouvoir mille fois plus imposante que la plus imposante des réalités. Toute désillusion du peuple est dangereuse pour le pouvoir suprême, et néfaste à la tranquillité du pays. » Telles sont les opinions, assez judicieuses, qui ont cours en Extrême-Orient.

D'autre part, des sceptiques prétendent que ces mesures rigoureuses sont prises tout autant *contre* que *pour* l'Empereur, auquel on voudrait cacher l'état réel des choses. La fameuse enclave de soie bleue dont on entoure le camp impérial pendant les voyages de longue durée n'aurait pas d'autre objet.

Hormis ces prohibitions, dont on retrouve d'ailleurs les traces dans le cérémonial d'Occident, pour tout ce qui touche aux chefs d'État et aux services publics, l'on ne se heurte pas à des difficultés insurmontables si l'on veut visiter les temples et les monuments, à condition toutefois qu'il ne s'y passe aucune cérémonie ou aucun examen.

L'on m'avait affirmé, dès mon arrivée, qu'il me serait impossible d'entrer dans « les principaux monuments de Pékin ». En dehors des exceptions très compréhensibles faites ci-dessus, j'ai pu pénétrer partout moyennant peu de sapèques et quelques bonnes paroles[162]. C'est un peu toujours la voie la plus courte pour arriver à ses fins. Au lieu de suivre cette méthode, si l'on a la prétention de se présenter en « matamore », le verbe haut, la canne en l'air, on risque fort de rester à la porte.

Trop d'étrangers oublient que les Chinois

162. Il est bon d'ajouter que, si l'on ne sait pas la langue, il est de toute nécessité de se faire accompagner par quelqu'un qui la parle couramment.

sont des hommes comme les autres, aussi et même peut-être plus sensibles aux manières délicates et polies que les autres peuples. Beaucoup de sang-froid, de tenue et de dignité, vous feront respecter ; une attitude différente peut très bien vous amener des désagréments. Je voudrais voir comment on accueillerait, en Occident, une bande de Chinois qui entreraient en hurlant au Louvre ou à la *National Gallery*, qui casseraient le nez des statues, couperaient les toiles. *Ne faites pas à autrui,* etc. ; et l'on peut demeurer persuadé que, si à Pékin des ordres sévères ont été donnés à plusieurs reprises pour empêcher les visites trop fréquentes des touristes européens aux temples officiels et aux salles d'examens, c'est qu'un grand nombre de ces voyageurs se sont souvent conduits, dans ces édifices, comme de véritables iconoclastes et comme de... grossiers personnages.

Fort heureusement, ce n'est guère à nos compatriotes que ce reproche peut être adressé ; mais il est arrivé et il arrive encore qu'un étranger pris la main dans le sac et se trouvant en mauvaise passe ne craint nullement de renier sa nationalité et de mettre à l'actif de voisins innocents sa culpabilité ou sa mauvaise conduite. C'est un *truc* connu et exploité par certaines gens sans scrupule. Il en résulte des imbroglios ridicules ; – c'est pour y couper court que les autorités chinoises donnent maintenant des consignes plus rigoureuses que jadis.

Aux termes des traités actuellement en vigueur, aucun étranger ne peut sortir des ports ouverts ou de leur territoire (périmètre d'un rayon de quelques lieues) sans avoir un passeport délivré par les autorités chinoises et visé par son consul[163].

Or, comme les voyageurs qui montent à Pékin ne sont pas encore très nombreux, il est d'usage, – quand ils sont porteurs de lettres de recommandation, – de les loger dans les Légations, s'il y a de la place. Cependant la règle n'est pas absolue ; aussi compte-t-on à Pékin deux hôtels : l'*Hôtel de France*, tenu par le Français Tallieu, et un hôtel allemand, que nous avions surnommé le *Kaiserhof*, tenu par Kierulff. Tallieu et Kierulff, Kierulff et Tallieu. Que de Pékinois ont ces noms en tête, surtout quand, à l'approche du jour de l'an, il s'agit de choisir les cadeaux ! Car Tallieu ainsi que Kierulff ont chacun, avec leur hôtel, un *store*, un magasin prohibé en droit[164] mais toléré en

163. Les missionnaires sont soumis à cette formalité. C'était, il y a encore quelque temps, le privilège de la France de compter tous les missionnaires catholiques sous sa protection.

164. Je ne commets aucune délation, puisque leurs noms sont imprimés en toutes lettres, avec leurs professions, dans tous les Directories chinois.

fait, parce que les plus gros bonnets de la capitale y viennent acheter les jouets électriques, bobines à secousses, piles au bichromate, pompes, tramways minuscules, qui font pendant les soirées d'hiver les délices des parents et des enfants Célestes.

On trouve de tout dans ces magasins, jusqu'à des vins qui sont loin d'être mauvais, de la bière, des comestibles, et tous les articles de quincaillerie. Au moment du jour de l'an européen[165] on y fait des bonbons, jusques et y compris un excellent marron glacé. Enfin Tallieu est le Chevet, le Potel et Chabot de la localité ; il fait les dîners, et je crois même *qu'on porte en ville*.

De même, au point de vue monétaire, l'Européen dispose de l'agence de la *Hong-Kong-and Chang-Haï Bank*[166]. Tous ces petits empiètements sont contraires aux traités, mais le gouvernement chinois ferme un œil, et il a raison, surtout depuis qu'on souscrit à ses emprunts aux guichets mêmes de l'agence pékinoise de la banque susnommée[167].

165. Le jour de l'an chinois est en retard de quelques semaines sur le nôtre. Sa date, fixée d'après la lune, – sans corrections, est très irrégulière.

166. J'ai très rarement manié d'argent à Pékin ; l'on y jouit, comme dans tous les ports, du système de chèques *à l'américaine*, ce qui est très commode, et n'offre qu'une vague analogie avec nos comptes de chèques français.

167. Pendant que nous étions à Pékin, un emprunt d'État fut émis ; je voulais souscrire, car la rente chinoise est un

En arrivant par Tienn-Tsinn, – car c'est de cette ville que viennent presque tous les Européens se dirigeant sur Pékin, que l'on soit à cheval ou en charrette (en ce cas on peut faire la route en deux jours), on fera bien de télégraphier à la capitale pour savoir si l'on peut vous loger[168] ; et, si l'on vient en bateau, pour que l'on envoie au-devant de vous à Tong-Tcheou. On s'arrangera également de façon à arriver à Pékin avant la fermeture des portes. Il n'y a rien de plus désagréable que de passer la nuit dans l'une des mauvaises auberges qui se trouvent hors des remparts.

Ces précautions bien observées, on accomplira son voyage sans encombre, et beaucoup plus tranquillement qu'on ne se l'imagine.

Dès le lendemain on peut faire une promenade d'orientation le long de la rue des Légations, le long de Ha-Ta-Meunn-Ta-Kié, et pénétrer un peu dans les ruelles du côté Est de cette avenue. On y verra la vie tranquille et digne du faubourg Saint-Germain

---

fameux titre à avoir en portefeuille ; j'arrivai une heure après l'ouverture des bureaux : « Trop tard, cher Monsieur, tout est souscrit c'est sans répartition, les premiers venus sont les seuls servis. » Je sus depuis que c'étaient les missionnaires protestants qui avaient tout *raflé*.

168. Car les *hôtels* ne contiennent qu'un nombre de chambres très restreint.

de l'endroit. Peut-être sera-t-on quelque peu surpris de rencontrer, comme au bout de la Chaussée-d'Antin, l'église de la Trinité, mais cet étonnement devra être de courte durée : la Trinité de Pékin s'appelle Saint-Joseph, ou le Tong-T'ang. J'engagerai seulement à rendre visite aux Pères Lazaristes, qui ne demanderont pas mieux que de vous faire visiter leur œuvre. Le Tong-T'ang, comme le nouveau Pei-T'ang, bâti sur le modèle de la cathédrale de Sienne, presque dans les mêmes dimensions, ont été construits sous les ordres et sur les plans du R. P. Favier. Une autre église intéressante est le Nann-T'ang, construite en 1601 dans le style des cathédrales portugaises. Quant au vieux Peï-T'ang, il est maintenant enclavé au milieu du parc de l'Impératrice, qui a, dit-on, stipulé formellement, dans le contrat d'échange, que l'orgue soit considéré comme immeuble par destination.

S'il y a marché à Long-Fou-Sseu, on pourra pousser une pointe de ce côté et ne pas manquer d'entrer dans les nombreuses boutiques d'antiquaires qui se trouvent dans les environs. Les Européens y sont très bien reçus, surtout quand ils ont leur carnet de chèques à la main et quand leur signature est avantageusement connue sur la place.

Le lendemain, monter sur les remparts, d'où l'on embrasse le panorama de la ville et des collines. Si par hasard on ne rencontrait pas un gardien obligeant, ne pas insister et se rendre immédiatement à l'Observatoire, qui est dans la même partie Est de la ville tartare.

Cet Observatoire contient les vieux méridiens, les vieux équatoriaux construits par les Jésuites. Ces instruments sont merveilleux, plus encore au point de vue artistique qu'au point de vue mathématique. Ils sont en bronze, recouverts d'une patine florentine admirable, leurs lignes sont esthétiques au plus haut degré, et, en les regardant, on se demande si c'est le style Louis XV qui est entré dans l'art chinois ou si ce n'est pas plutôt l'art chinois qui a fait le style Louis XV.

C'est certainement l'une des plus belles choses de Pékin.

Comme l'Observatoire est aussi élevé que les remparts, de ses terrasses on jouira d'une aussi belle vue, et de plus on apercevra dans toute son étendue le Tong-Houeï-Ho, le canal qui relie Pékin au Peï-Ho. De là, se rendre dans le voisinage, à la salle des examens, où quinze mille cellules (de 3 pieds sur 5), alignées comme autant de vespasiennes, attendent les candidats qui viennent passer les examens d'État, une fois tous les trois ans.

On remarque dans un grand nombre de ces cellules, où les candidats restent deux nuits et un jour, des illustrations qui rappellent certains plafonds d'*ateliers* à l'École des Beaux-Arts de

Paris, ou certains murs de Pompéi. Il faut bien que jeunesse se passe.

Le jour suivant sera consacré à une promenade autour et dans la ville impériale, dont quelques rues sont publiques. On passera entre le Palais et le Meï-Chann (Colline de charbon), curieux kiosques, et l'on devra aller en sortant de la ville par To-Cheng-Meunn, l'une des portes Nord, jusqu'au monument de marbre élevé par l'empereur Kienn-Long en l'honneur d'un lama tibétain venu pour le voir et mort à Pékin de la variole. Ce monument, bien conservé, est surmonté d'une sorte de piton d'une architecture très originale[169]. Un peu plus loin se trouve le temple Jaune, ou grande lamaserie.

Une autre journée sera réservée pour la visite de la ville chinoise[170] ; on sortira par Ts'ienn-Meunn, la porte Impériale, dont l'arcade centrale ne s'ouvre que devant l'Empereur ; on prendra la rue semi-circulaire et couverte, une réminiscence frappante du *vieux* Temple, à Paris, et, par la grande rue centrale, on ira

169. Autrefois, on pouvait passer sur ce pont de marbre qui traverse les lacs impériaux ; le coup d'œil était vraiment joli. Depuis quelques années, cette promenade n'est plus possible : le pont a été enclavé dans les jardins de l'Impératrice.

170. Ne pas manquer d'aller visiter dans ladite ville les magasins du *seul* fabricant de beaux cloisonnés, To-Tcheng. C'est sur la route du marché de Leou-Li-Tchang.

jusqu'au temple du Ciel, qui est à gauche, vis-à-vis du temple de l'Agriculture, qui est à droite.

Le temple du Ciel est le plus curieux : il comprend deux autels composés chacun de trois plates-formes circulaires superposées et entourées de balustrades de marbre finement travaillées. L'autel du Nord est couvert en son centre par un pavillon très élevé à toit de tuiles bleues que l'on aperçoit de presque toutes les parties de la ville.

L'autel du Sud n'est surmonté d'aucune construction.

Ces deux monuments sont malheureusement fort mal entretenus, il pousse de l'herbe entre les joints des pierres, d'épaisses broussailles les entourent ; si l'on n'y porte pas remède, ils tomberont complètement en ruines dans un avenir prochain.

Au centre de l'autel du Sud se trouvent cinq guéridons en marbre, – dans toutes les cérémonies le souverain est assisté de quatre princes ; – le guéridon du milieu, le plus large et le mieux sculpté, reçoit une tablette sur laquelle sont gravés ces deux seuls caractères : CHANG-TI (L'ESPRIT SUPRÊME). C'est devant ce guéridon central qu'à certaines dates, au moment de l'aurore, l'Empereur, entouré de ses quatre acolytes, s'agenouille aux sons d'une musique jouée en sourdine, et pendant que des feux énormes allumés dans de hauts braseros en forme de torchères projettent leurs dernières lueurs avant le lever du soleil.

On aura ainsi une idée à peu près exacte de Pékin.

Si l'on a du temps à perdre, il faudra, en prolongeant son séjour, aller jusqu'à Tch'a-Tao, par Nann-K'ou et Kiu-Yong-Kouann (remarquer la porte hexagonale sous laquelle on passe, – curieuses sculptures du côté Sud). On racontera à ses amis qu'on a été voir la grande muraille, bien que ce ne soit pas la vraie[171]. On aura également la satisfaction de faire un voyage fatigant d'au moins trois jours aller et retour, avec nuits blanches en perspective, car il est à peu près impossible de fermer l'œil dans les auberges (?) que l'on rencontre en chemin.

Il y a quelques années on pouvait espérer entrer encore dans les parcs impériaux du Palais d'Été : Yuann-Ming-Yuann, Ouann-Chou-Chann, Tsing-Ming Yuann, Tsing-Y-Yuann. Cela valait alors la peine de modifier un peu sa route ; maintenant on répare ces résidences, et les étrangers n'y pénètrent plus.

Si l'on désire cependant aller voir, de l'extérieur, les quelques ruines que l'on aperçoit

171. La véritable grande muraille est bien après Tch'a-Tao. À cet endroit on n'est arrivé qu'à la petite muraille, ou muraille intérieure.

encore assez facilement, il faudra s'arrêter à moitié route au temple de la Grosse Cloche. Cette cloche, la plus grosse qui soit au monde, pèse 60 000 kilos. Elle a la forme d'un gobelet droit et est couverte de 250 000 caractères chinois.

Une excursion moins pénible et plus agréable sera celle aux petits temples des collines. On peut la faire en un jour et rapporter le meilleur souvenir qu'il soit possible d'avoir des environs de la capitale. C'est de ce côté, l'Ouest de Pékin, que, l'été, les chefs des missions diplomatiques vont chercher un peu d'ombre et de fraîcheur, en louant de petits temples abandonnés ou des dépendances de temples occupés.

MISCELLANÉES

Il resterait à raconter bien d'autres choses sur la Chine, d'autres choses certes plus curieuses. Mais, sur la politique d'Extrême-Orient, je n'ai guère que des souvenirs européens ; c'est assez dire que leur place n'est pas ici.

Au surplus, quand les temps seront venus, l'histoire des relations franco-chinoises au XIXe siècle tentera la plume de plus d'un analyste. Les documents ne manqueront pas, seule la sélection sera difficile. Aussi les futurs historiens feront-ils bien de se rappeler qu'en Asie plus que partout ailleurs, derrière le paravent de la diplomatie officielle il existe une diplomatie occulte, – la diplomatie d'à côté.

Les plans de manœuvres, les évolutions des agents de cette diplomatie, des « voltigeurs », ont quelquefois fait honneur aux personnes qui les exécutaient ; n'empêche que cette action parallèle ou oblique a souvent rendu bien pénible leur tâche aux agents accrédités, en paralysant leurs efforts et en déjouant leurs combinaisons. Et ce sera faire preuve de discernement que de ne pas porter des jugements trop sévères sur les actes des plénipotentiaires apparents.

Ces mêmes futurs historiens devront également se souvenir de la principale cause de l'influence française en Orient comme en Extrême-Orient, – la protection des missions catholiques. – Écarter ou reléguer au second plan ce facteur important d'appréciation serait s'exposer à émettre des critiques très erronées sur diverses démarches et sur de nombreux événements. En Chine, les Lazaristes ont trois vicariats apostoliques : ceux du Kiang-Si, du Tché-Kiang, du Tché-Li. Les Missions étrangères ont les vicariats du Kouang-Tong, du Kouang-Si, du Koueï-Tcheou, du Yunn-Nann, de Mandchourie, du Leao-Tong, plus trois vicariats dans le Sseu-Tchouann. Les missionnaires belges ont le vicariat de Mongolie. Enfin, les Jésuites, qui ne sont rentrés en Chine qu'en 1845, sur la demande de Mgr de Bési, ont les trois vicariats apostoliques du Kiang-Sou, du Ngann-Houeï et du Tché-Li (Sud). (Au point de vue de l'extension de l'influence européenne, rien ne fut plus regrettable que l'interdiction qui leur fut faite d'exercer le ministère sacerdotal en Chine. En dehors de tout esprit de parti pris, l'on peut dire que, sans la bulle de Clément XI

(1705), il est probable que les populations d'Extrême-Orient seraient aujourd'hui catéchisées, c'est-à-dire favorables, ou, tout au moins, très accessibles aux idées occidentales. Seuls les Jésuites, par leur esprit de conciliation, leurs enseignements persuasifs, leur valeur scientifique, pouvaient espérer atteindre ce résultat, et l'avaient en partie atteint quand ils ont vu leurs efforts entravés par l'autorité même, qui, la première, aurait dû les seconder.)

L'on peut méditer à cet égard les réflexions suivantes d'Escayrac de Lauture, quand il parle des cinq premiers missionnaires français envoyés en Chine par Colbert (1688). « Les ambassades politiques furent de peu de conséquence. Des gentilshommes endimanchés promenés en carrosse au milieu de l'inconnu peuvent divertir la foule et amuser l'impertinence d'une cour asiatique. Si cette cérémonie, d'un goût souvent douteux, est l'objet de la diplomatie, ce sont là des ambassades ; mais, si l'objet de la diplomatie est la création de rapports intimes et utiles, on peut dire que les seuls ambassadeurs que l'Europe eût alors en Chine étaient les missionnaires de Pékin, et que le roi qui y ait été vraiment représenté fut Louis XIV, assez sage pour n'y pas envoyer d'ambassade de cour. Ce que je viens de dire me dispense de donner la liste de ces missions, célèbres surtout par les dîners qu'on leur offrit et les égards qu'on leur refusa[172]. »

Ceci dit, je rappellerai que ce n'était pas la politique pure qui m'avait attiré vers la Chine. Aussi, après avoir fréquenté chez les Chinois d'Europe, je fus surtout heureux de connaître les idées des Chinois en Chine, ainsi que leurs sentiments sur les questions qui passionnent le plus dans l'ordre moral et social.

Ne pouvant reproduire textuellement les réponses qui m'ont été faites, non plus que donner les noms de leurs auteurs, je devrai me contenter de résumer les dires de mes interlocuteurs et me borner à en donner le sens général. La mythologie chinoise, comme toutes les mythologies, se compose d'une quantité de légendes, respectées dans un pays de tradition comme la Chine, mais respectées avec un scepticisme indulgent par tous les esprits éclairés. Le dragon, le phénix, la tortue, et tous leurs exploits fabuleux, tiennent certainement au cœur de tout bon Chinois, mais uniquement comme l'unicorne au cœur de tout bon Anglais, pas davantage. Il en est de même de la plupart des personnages héroïques qui occupent un rang dans l'Olympe chinois.

Toutefois, cet Olympe ne possède pas de Jupiter. L'idée de l'Être suprême existe

172. On dirait que tout ceci a été écrit hier, pour relater des incidents contemporains.

pourtant, mais seulement l'idée. Les personnages divinisés, génies ou demi-dieux, ont un nom, et, reconnaissables à leurs attributs encore plus qu'à leurs traits, ils sont rendus populaires par la peinture. Mais le Dieu tout-puissant, le Dieu éternel près duquel interviennent les demi-dieux, est le Dieu inconnu, indéfinissable, « le Dieu dont la main humaine ne peut tracer le vrai nom, et dont les temples ne peuvent recevoir l'image ».

MÉTAPHYSIQUE. – Il existe une volonté consciente, régulatrice des forces de l'univers, *Ti* ou *Chang-Ti*. La preuve en est dans cette déduction mathématique : *La partie ne peut être ni plus grande ni plus parfaite que le tout*. Or, l'homme est conscient (se connaît lui-même), et l'homme n'est qu'une parcelle infime de l'univers.

— Deux forces (ou deux éléments) : le *yang* ciel (ou souffle) et le *yng* terre (ou matière), également impérissables dans leur essence, mais se transformant perpétuellement dans leurs combinaisons, sont à la disposition de la volonté régulatrice pour la formation des êtres (astres et créatures animées). Il n'est pas une parcelle de matière qui se perde, pas une partie de mouvement qui ne se retrouve, pas un souffle de pouvoir animant qui soit détruit[173].

173. Cette doctrine se trouve encore sous une autre forme : le *Li*, principe immatériel, et le *Tche*, principe matériel.

— Le corps des êtres animés est un réservoir formé au moyen du *yng* pour recevoir en proportion une quantité donnée de souffle *yang*. Quand le réservoir est usé, la dissociation des éléments se fait, l'être meurt, la partie de *yang* qu'il contient s'échappe et retourne à la source (de vie) commune pour aller de nouveau animer d'autres êtres.

Le *yang* et le *yng* sont aussi les deux signes antipodes des *pa-houa*, *yang*, et *yng* – sorte de cadran mystique à huit combinaisons dont on fait remonter l'invention à Fou-Chi (premier personnage quasi historique de la tradition chinoise), et que Leibnitz a pris à tort pour des nombres écrits dans un système d'arithmétique binaire.

Le *yang* est aussi la représentation du principe du bien et du principe mâle. Le *yng*, la représentation du principe du mal et du principe femelle. Ces deux principes sont souvent figurés, au milieu des *pa-houa*, par le *Tai-Ki*, circonférence divisée par une ligne en forme d'S passant par le centre du cercle.

Au besoin, ces *pa-houa*, avec lesquels on peut former soixante-quatre combinaisons, correspondent exactement à la Table des Sorts des anciens Germains. On jette des baguettes sur le cadran, et, selon les figures qu'elles touchent, on déduit telle ou telle conclusion. On trouve dans le Y-King l'explication de toutes les combinaisons possibles. Les Chinois n'aiment pas beaucoup s'expliquer sur ce sujet. Cela se conçoit, car ces pratiques rappellent singulièrement celles des tireuses de cartes.

RELIGION. – On ne doit détruire ni les religions qui poétisent la morale, ni les légendes qui poétisent l'histoire.

— Une femme sans religion est une femme sans poésie. Une femme sans poésie est une romance sans musique.

— Ce sont les exagérations des mauvais *sacerdotaux* qui causent la décadence des religions.

— Le plus grand pouvoir de la terre est celui qu'exerce le Pape catholique *(sic)*. La constitution hiérarchique de son Église est admirable. *C'est celle du véritable gouvernement universel.*

MORALE. – Tous les livres canoniques enseignent la morale. Pour le peuple, l'Empereur K'ang-Chi, dans son *Saint-Édit*, rappelle quels sont les devoirs à accomplir, quelle conduite est à observer pour vivre selon les rites.

— L'inclination physique ne doit pas être pour quoi que ce soit dans le mariage. Si elle existe, c'est une cause presque certaine de troubles ultérieurs entre les époux. C'est pourquoi nos traditions laissent sagement à nos parents le droit de nous choisir nos épouses eux-mêmes ou par des *intermédiaires* dont vous traduisez mal la fonction quand vous les qualifiez d'*entremetteurs*.

— L'adultère n'existe, selon nos lois, que si la femme coupable est mariée. Pour l'homme, nous avons toléré la pluralité des femmes sans la recommander : nous évitons ainsi de nombreux abandons d'enfants[174]. Quant aux hommes éclairés qui ont des enfants de leur première femme, c'est rare qu'ils en prennent une seconde : ils en ont bien assez d'une *(sic)*.

— La force brutale est odieuse ; la guerre, qui en est une émanation, l'est aussi. Les hommes sont faits pour vivre en paix.

ÉCONOMIE POLITIQUE. Les progrès dans les arts mécaniques ne sont pas un bonheur pour l'humanité. Les machines ne servent pas l'homme, elles l'asservissent.

— L'ambition est le plus sûr venin pour empoisonner le cœur de l'homme.

— Le bonheur dépend de la volonté. Tout homme peut être heureux s'il le veut.

— Il y a des gens riches avec peu d'argent, et des pauvres avec beaucoup de fortune.

174. Les Chinois ont l'amour paternel aussi développé que n'importe quel autre peuple. Ce n'est qu'au moment des grandes famines, contraints par la plus affreuse misère, qu'ils se débarrassent de leurs enfants. D'autre part, les puits qui remplaçaient nos anciens tours sont presque tous murés à l'heure actuelle.

Les Chinois ne sont pas très accessibles aux idées d'ordre économique. Les réflexions que j'ai pu, à la grande rigueur, classer sous la rubrique Économie politique sont assez ordinaires. Il paraît pourtant que S. M. l'Empereur Kouang-Siu a des vues très nettes sur certains points en la matière. S. M. est absolument protectionniste.

Un vice-roi lui ayant offert un jour un splendide chronomètre dont les chiffres d'heures étaient cependant chinois, l'Empereur ouvrit le boîtier, reconnut une inscription en langue étrangère, et, précipitant l'objet par terre, s'écria en le foulant aux pieds :

« Ah çà ! vous n'êtes donc pas… capables de faire fabriquer une montre dans tout l'Empire. »

L'anecdote est authentique.

GOUVERNEMENT. – Quand on leur parle de leur gouvernement, les Chinois sont très circonspects ; il n'est pas facile de connaître leurs impressions. Je le savais, et n'ai jamais voulu être désagréable à ceux d'entre eux qui voulaient bien causer avec moi. Les opinions émises dans l'aperçu suivant me sont absolument personnelles.

Le gouvernement central a surtout pour but d'enregistrer et de contrôler les actes des administrations provinciales. Il assume rarement une initiative directe dans la conduite des affaires générales de l'intérieur ; mais il s'ingère pourtant dans certains détails d'administration d'une manière vraiment curieuse. Ainsi, on ne peut bâtir ni réparer un seul monument public, sauf les bâtiments militaires, fortifications, arsenaux, etc., sans une autorisation expresse de l'Empereur. L'Administration des postes ne peut pas payer un cheval ou un bœuf un *tiao* de plus que le prix fixé sans la même autorisation expresse et spéciale pour chaque achat. En dehors de ces cas et de quelques autres de même genre, les vice-rois sont absolument les maîtres chez eux.

Ils l'étaient bien davantage avant cette « infernale invention du télégraphe » alors qu'il fallait six mois pour recevoir une réponse de Yunn-Nann-Fou. Maintenant en trois heures l'ordre est expédié et il faut que la réponse arrive au Palais, qui s'est payé le luxe du « fil spécial ».

Il est bien entendu que, si, malgré la liberté grande dont il jouit, un des vice-rois se permet de contrecarrer la volonté impériale, surtout au point de vue des relations extérieures, il est sacrifié avec une désinvolture qui n'a pas son égale dans aucun pays du monde. Cela arrive encore assez souvent. Il est vrai qu'on rentre en faveur avec la même rapidité.

Le prince Kong, oncle de l'Empereur, a

été lui-même dégradé dans le temps et puis regradé. Ainsi de quelques autres.

On a aussi une façon charmante de prononcer les oraisons funèbres des grands dignitaires qui meurent même en état de grâce. L'Impératrice écrit à leur famille qu'« Elle daigne leur pardonner toutes les fautes qu'ils ont commises leur vie durant » *(Historique.)* On n'est pas plus aimable !

Quant à ceux qui, comme ce malheureux Kouo-Song-Tao[175], se heurtent à des fins de non-recevoir près d'un cabinet étranger, les gouvernements européens sont obligés d'intervenir pour les sauver du supplice, en laissant entrevoir qu'ils considéreront comme une insulte la décapitation « pour cause d'insuccès » d'un ambassadeur accrédité auprès d'eux.

En dehors des 21 provinces dont se compose l'Empire (18 chinoises et 3 mandchoues), la Chine comprend des pays sujets : la Mongolie, le Tibet et la Corée. Les liens de vassalité qui rattachent ces pays à l'Empire sont assez faibles pour la Mongolie, faibles pour le Tibet, à peu près nuls pour la Corée.

Les premiers corps de l'État, – qui constituent le véritable gouvernement, sont :

175. Venu en mission en 1871 pour apporter au gouvernement français l'indemnité Fontanier et le témoignage des regrets du gouvernement chinois.

Un *Conseil privé* qui se nomme le *Kiunn-Ki-Tch'ou* (litt. Dépôt des plans de l'armée)[176] et qui comprend les ministres à portefeuille (leur nombre est variable) ; une *Chancellerie, Nei-Ko* (Cabinet intérieur), qui a perdu de son importance depuis l'avènement de la dynastie actuelle ; enfin, une Commission des affaires étrangères connue sous le nom de *Tsong-Li-Ya-Meunn*, et composée d'une vingtaine de membres choisis parmi les princes de la famille impériale et les plus hauts dignitaires des principaux Ministères.

Le gouvernement impérial[177] a le droit de révoquer immédiatement et n'importe quand n'importe quel fonctionnaire dont la conduite est jugée irrégulière ou préjudiciable à la sûreté ou à la stabilité de l'État. Or, comme le service de la police politique est admirablement organisé en Chine, lesdits fonctionnaires savent à quoi s'en tenir s'ils viennent « à broncher ».

C'est encore le gouvernement impérial qui nomme aux plus hauts postes civils et militaires et qui confère, après les examens, les

176. Trace de l'ancien militarisme tartare-mandchou, qui a imposé à l'Administration centrale des Postes le nom qu'elle porte encore Kié-Pao-Tch'ou, litt : Bureau pour les nouvelles des victoires. Cette administration dépend d'ailleurs du ministère de la Guerre.

177. Une des lois de l'empire permet au souverain de désigner comme son successeur le premier individu venu qu'il juge digne d'exercer le pouvoir suprême. Il n'y a pas, à vrai dire, d'ordre de succession établi.

grades littéraires supérieurs. Mais, exception faite de ces attributions, les vice-rois organisent leurs troupes comme bon leur semble, – quelques-uns pas du tout ; – ils perçoivent les impôts à leur guise, et envoient des redevances au pouvoir central, toutefois le revenu impérial serait maigre sans les recettes des douanes.

Somme toute, la Chine jouit à peu près du même régime administratif que les États-Unis. Tout y est provincial, sauf les douanes, les postes et télégraphes, et récemment la marine. Sans doute, on unifiera bientôt l'armée. Ce jour-là, il faudra ouvrir l'œil.